Principle

伊藤敏雄
［著］

of

子どもがつまずかない
教師の教え方
10の「原理・原則」

the

東洋館出版社

teaching

はじめに

現場の先生が「勇気」と「自信」をもって実践できるための一冊

名人と呼ばれる先生の実践には、

・まず、学習のねらいは何なのか？

・そして、それを達成するための手だては何か？

という深い洞察のプロセスがあります。

ですから、名人の実践という一面だけを切り取って見るのではなく、深い洞察に至るまでの理論的なプロセスも合わせて考える必要があります。

本書は、

・子どものつまずきを解消したい

・実践例やネタ本では物足りない
・もっと原理・原則のような根本的な考え方を学びたい

という願いを叶えるための一冊です。

子どものつまずきを丁寧に分析しながら、理論と実践ががっちりと結びつくことで、エビデンスベースドの実践へと高めるための一冊なのです。


本書を執筆するきっかけになったのは、大阪の公立小学校で教員をしているある先生との出会いです。

そこは、全国でも学力的に非常にしんどい地域で、しかも、片親世帯が半数以上を占めるほどの地域なのです。

そんな中で、その先生は読み書き計算という基礎基本の学力を重視しながらも、子どもたちが自分たちで作った「1㎥の大きさの段ボール箱」にひしめき合い、わきあいあいとした学校生活をすごせるような実践もしている先生です。

そんな名人級の先生が、ぼそっと私に言った一言が印象的でした。

それは管理職からの、

「あなたの授業は子どもの主体性や対話を育んでいない。もっと、授業に対話を入れなさい。」

という、実践そのものを根本から否定されかねない一言だったのです。

私は即座に、

「先生がやっている実践は、どれもこれも理論的にも正しいことばかりです。それは、子どもたちの様子を見ればわかります。それだけ子どもたちの力を伸ばしているのだから、もっと自信を持って実践を続けて欲しい。」

と答えました。

理論的にも正しい、「理に適った実践」なのに、授業の形式が対話的でないという理由だけで、管理職や同僚教師から「小言」を言われていたのです。

そんな、子どもたちのつまずきと正面から向き合い、学力的にもしんどい子どもたちを着実に学びへ向かわせる実践をしている先生たちは、全国にたくさんいると思います。しかし、そんな先生たちの実践を、理論的に裏づけた本はなかなか見あたりません。

というのも、大学教授などの専門家が書いた本は、理論的には正しくても実践例に乏しく、現場での実践にすぐに結びつくものではないからです。一方で、現場の先生が書いた本は、具体例や実践例は豊富でも、理論的な枠組みまでは意識されていないケースがほとんどです。

その結果、ただネタとして消費されるだけの実践にとどまり、理論的な枠組みを獲得するという教師のスキルアップにつながらないことが、長らく課題と言われてきました。

つまり、理論と実践を結びつける、決定的な本がまだないのです。

本書は、名人と呼ばれる先生の中から、普段、意識されておらず、言語化されることがあまりない「原理・原則」を、認知心理学の視点からまとめあげたものです。子どものつまずきに焦点をあてながら、教えることと学ぶことの理論と実践の橋渡しとなる一冊なのです。

目次

第1章

学習者検証の原則

「わかる」よりもまず「できる」が大切なわけ

第1章

学習者検証の原則

「できない」うちは「わかっていない」

教え方の上手い先生とそうでない先生の決定的なちがいとは何でしょうか。

それは、**結果を重視するか過程を重視するかのちがい**と考えます。学校の先生の多くは、学習の結果より過程を重視する傾向にあります。しかし、教え方の上手い先生は、学習の過程以上に「結果」を重視するのです。

もちろん、学習の過程が重要でないという意味ではありません。大切なことは、どのように教えても学習者である子どもに知識やスキル、思考力が身につかなければ意味がないということです。

小学校ではある単元を教えた後に、わりと早いタイミングでテストを行います。例えば、分数のわり算を教えた直後に、分数のわり算のテストが行われます。しかし、数ヶ

■学習者検証のためのわかるとできるのちがい

	できる	できない
わかる	理想的な状態	×（ありえない）
わからない	まず必要な状態	つまずいている状態

月後に同じような問題を解かせたら、全然できなかったというのはよくあることです。

少し見方を変えてみましょう。**教え方の上手い先生は、「わかる」よりも、まず「できる」を重視します。**もちろん、「わかる」が大切でないという意味ではありません。しかし、「わかる」ということは、「できる」よりもさらに**上位の概念**です。ですから、少なくとも言えることは、子どもができてないうちはわかっていないということです。**教授理論では、これを学習者検証の原則**と言います。

もちろん、「わかっていない」のに「できる」という可能性はあります。しかし、「わかっている」のに「できない」ということは絶対ありません。あるとしたら、それは「わかったつもり」になっているのです。

基本的に、「できる」は点数や実技などを通して観察が可能ですが、**「わかる」は頭の中で起こっていることなので観察できません。**

教え方が上手い先生は、子どもがわかっていると決めつける（＝

わかったつもりにさせる）のではなく、できることを通して子どもを次第にわかる状態へ導いているのです。そのためにも、授業だけでなくその単元が終わっても継続的に「できる」を心がけた指導やその工夫が大切です。

このように、**少なくとも子どもの「できる」が達成できていないうちは「わかっていない」という考えに立つことが学習者検証の原則**なのです。

ガニェの学習成果の5分類

授業には「めあて」や「ねらい」があります。**教授理論では、学習成果の5分類**がそれに相当するでしょう。これはガニェによってまとめられた概念で、学習成果の質的な差によって分けられるのが特徴です。

例えば漢字学習を例に考えてみましょう。

1つ目は、**運動技能**です。漢字と言えば、書き取りやドリルが主な指導方法と思われています。しかし、これは漢字を正しく書けるようになるための指導であって、漢字指導のすべてではありません。このような**漢字を正しく書ける力のことを運動技能**と呼び

■学習成果の５分類（漢字の場合）

学習成果	内容の例
運動技能	漢字を正しく書くことができる
言語情報（宣言的知識）	漢字の意味がわかる
知的技能	部首や漢字の成り立ちから意味を考えることができる
認知的方略（学習方略）	読んだり指で書いたりして覚えることができる
態度	漢字の良さに触れ、漢字を学ぼうとすることができる

向後千春著　教師のための「教える技術」（明治図書出版）より改編

ます。

２つ目は、**言語情報**です。木へんがつく漢字は木に関係していることや漢字一つひとつに意味があることがわかることです。**いわゆる知識理解と呼んでいるのが言語情報**（宣言的知識）で、これは書き取りやドリルをするだけでは身につかない力です。

３つ目は、**知的技能**です。一般的に思考力と呼ばれている力です。「版」「飯」「販」のような形声文字は、読みを表す部分と意味を表す部分からできています。**部首や読みを表す部分から、漢字の意味や読み方を考える（推論する）力**が知的技能です。

４つ目は、**認知的方略と呼ばれ、漢字を覚えるために、読んでみたり指で書いてみたりする力**です。主に学習方略のことで、ここでは漢字の覚え方と言っても良いでしょう。

5つ目は、**漢字を積極的に覚えようとしたり使ったりする態度**です。この態度もガニエが提唱した学習成果の5分類に含まれます。

このような観点に立つと、書き取りやドリルは漢字を正しく書ける運動技能の習得には向いていますが、漢字の良さに触れ、学ぼうという態度には結びつきません。一方で、漢字クイズのようにゲームを取り入れた学習は、漢字の良さに触れ、学ぼうという態度を育むのには向いているかも知れませんが、漢字を正しく書ける運動技能の習得には向いていません。

しかし、だからといって、書き取りやドリル学習、クイズやゲームを否定しているわけではありません。大切なことは、**学習の成果（ねらい）に合わせた指導方法（手だて）を選択すること**なのです。

誤答からわかる子どものつまずき

学習者検証の原則では、子どもがいったい何をわかっていないのかを知ることも大切です。そのためには、**子どもの誤答を丁寧に分析することが大切**です。

5年生では三角形の面積の求め方を学びます。もちろん、公式の意味を教えることも大切です。しかし、まず大切なことは三角形の面積を求められるようになることです。よくあるまちがいは、÷2を忘れるケースです。また、次のような三角形になるとたんに正答率が下がります。

■子どもがつまずきやすい三角形

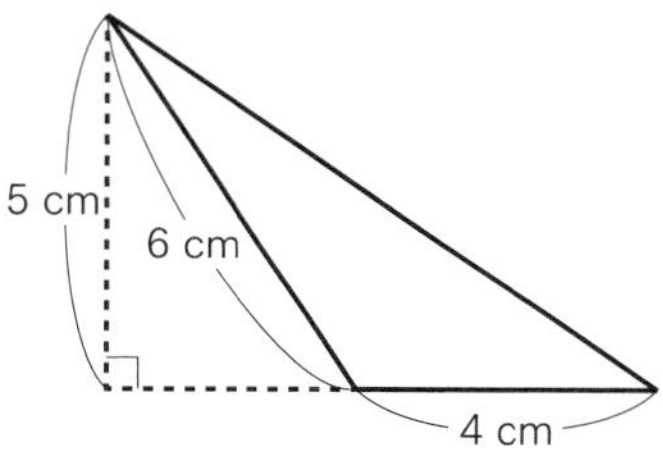

【よくある誤答】
- 4×5だけで÷2を忘れている
- 4×6÷2と高さと斜辺を混同している

三角形の面積を「4×6÷2＝12」と高さではなく斜辺を使って求めているのです。

このようなまちがいは、**子どもが底辺と高さを理解していないために起こります。**三角形の2つの辺が底辺と高さになるわけではないのです。

もちろん、いきなりこのような面積を求めるのに必要のない数字が書き込まれた三角形で練習する必要はありません。しかし、教科書通り丁寧に教えたとしても、**このような誤答につながるまちがいをする子はどうしても出てしまいます。それを予測しながら授業を行う**ことが教師の大切な役割です。

■誤答を減らすためのノートの工夫

三角形の面積
＝底辺×高さ÷２
＝４×５÷２
＝20÷２
＝10

長方形の半分なので
÷２を忘れない！

・途中の計算式は必ず書く
・慣れないうちは、公式から書かせると良い

ちなみに、必要のない数字が書き込まれている三角形の面積を求められるようになるためには、次のように教えると良いでしょう。

まず、底辺と高さは、垂直な関係であることを例示しておきます。その上で、底辺と高さ以外の数字が書かれている問題を、何問か解くようにします。

そのときに、実際に問題を解かせなくても、**どれが底辺でどれが高さになるかを声に出して言ってみる**だけでも効果はあります。

また、÷2を忘れる子が多い場合は、まず、「三角形の面積＝底辺×高さ÷2」と公式を復唱させます。同時に、「÷2をするのはなぜか」と説明を求めます（三角形の面積は、底辺と高さが同じ長方形の面積の半分だからetc）。

実際に問題を解かせるときは、**三角形の面積の公式から書かせ、途中の計算式を書かせる**ようにします。そして、「長方形の面積の半分なので、÷2を忘れない！」などの

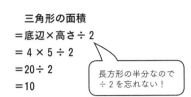

注意点とその理由も書いておくと良いでしょう。

手続き的知識・技能の習得と概念的理解は別

分数のわり算は、なぜ逆数をかけるのでしょうか。

６年生の算数の教科書では、分数のわり算の概念を理解させるために、面積図を使った導入例が示されています。実際、この面積図を使って、じっくり時間をかけて授業を行っている学校が多いと思います。

しかし、**そのような授業で分数のわり算の計算ができるようになるわけではありません。**むしろ、ドリル形式で分数のわり算の計算問題を解かせた方が、分数のわり算の計算はできるようになるでしょう。

ここで、面積図を使って分数のわり算の意味を教えること自体が悪いと言いたいわけではありません。大切なことは、**どんな力を子どもに身につけさせたいのか、まず、ねらいと手だてをはっきりさせる**ことです。そして、**ねらいとする学習成果に合わせた授業（手だて）を選択すべき**だということです。

もう一つ大切なことがあります。それは、手続き的知識・技能の習得と概念的理解・思考では、どちらを優先すべきかということです。分数のわり算の計算のような**手続き的知識・技能は、ほぼすべての子が身につけることができる力**です。一方、分数のわり算がなぜかける逆数になるのかという**概念的理解は、すべての子どもに身につけさせることができるわけではありません。**

分数のわり算の計算ができなかったら、それ以上のこと（例えば、文章題）を習得することは、ますます困難になります。実際、算数でつまずく子のほとんどは、計算でつまずいているのです。

面積図を使って概念の理解に時間を割いたところで、計算問題を解く手続き的な技能の習得がおろそかになってしまっては、まさに本末転倒と言わざるを得ません。算数の教科書の順序通り、授業を進めることがねらいではないのです。

面積の求め方をディスカッションさせてはいけない

研究授業では、複合図形（L字型や凹凸型）の面積・体積の求め方を、子ども達にグループで議論させ、模造紙にまとめさせて発表させるという授業が行われることが多いようです。この授業のやり方で、本当に子どもに考える力が身についているかどうかは、はなはだ疑問です。

「学習者中心」とは、教師の代わりに子どもを主役にすることではありません。「わける」とか「ひく」という言葉を子どもたちの自発的な活動によって引き出すことが、授業のねらいではないはずです。

さらに、このような授業が、結果として子ども達に何も身につかない授業になってしまっているとしたら、これも本末転倒です。それこそ「活動あって学びなし」の悪しき授業の典型なのです。

本当の**学習者中心の授業とは、ねらいとする学習の成果が本当に達成できたかどうかを重視する授業**のことです。

凸字型の面積は、2つの長方形にわけて求める方が良いに決まっています。また、凹字型の面積は、全体を大きな長方形と考え、へこんでいる部分の面積をひけば求められます。

つまり、**L字型や凹凸型の面積の求め方は、議論する余地がないくらい、解き方が決**

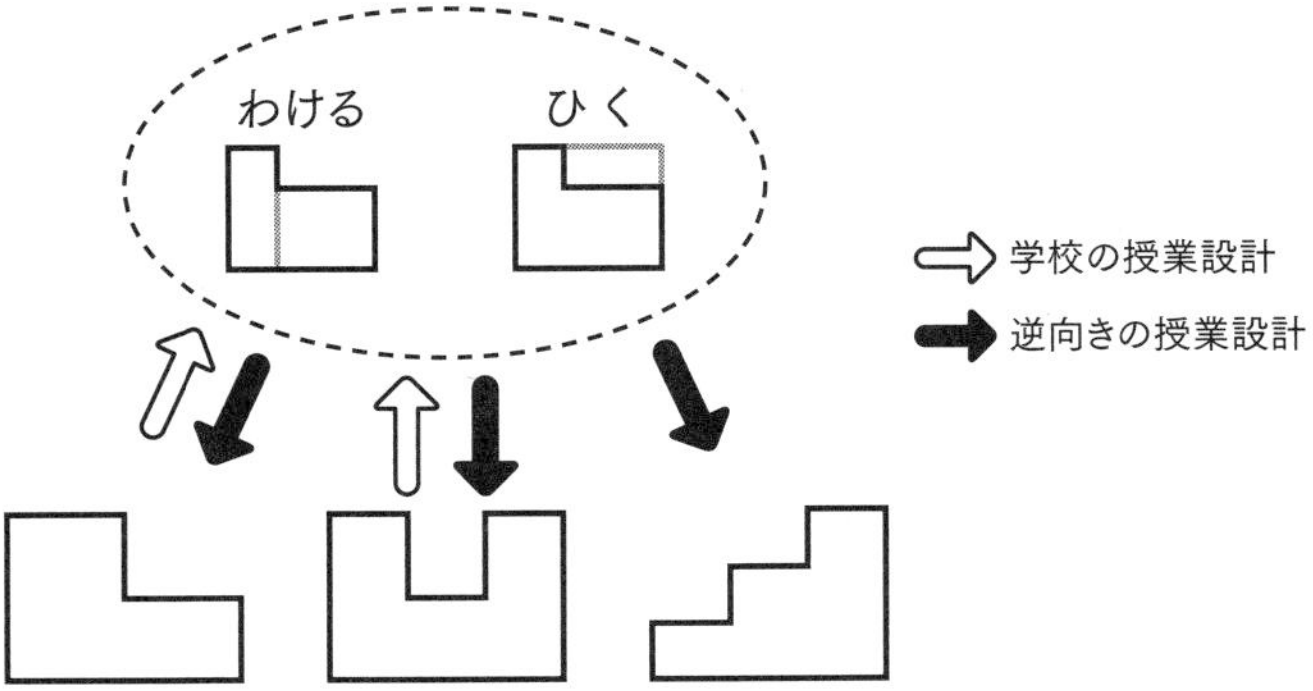

まっているのです（実際、教科書にはこの2パターンの例が示されています）。解き方が決まっているものを、いちいち議論させる意味がありません。

それよりも大切なことは、基本的な考え方である「わける」や「ひく」を使って、実際に、いろいろな複合図形の面積を求めることができるようになることのはずです。この単元のねらいはそこに置かれるべきなのです。

授業の方法に関する研究では、学校の授業のような展開とは逆の方法の方が学力の定着に効果的だということがわかっています。それは、基本的な考え方である「わける」や「ひく」を教師が教えて、実際に、子ども達がいろいろな複合図形の問題を解いてみる授業です。

「わける」や「ひく」を使って、いろいろな複合図形の面積を求めることができるようになることが「ねらい」なのですから、当然と言えば当然です。そのねらいに沿った授業を展開するという考え方です。これを**逆向きの授業設計**と呼びます。

逆向きの授業設計

逆向きの授業設計とは、学習の「ねらい」から「手だて」を考える授業の設計の仕方です。子ども達がどんな場面でつまずくのかを想定して、授業を組み立てるのです。

次のような複合図形の面積・体積の求め方でよくある誤答には、このようなものがあります。

- **凹んでいる部分の体積を４×４×４と計算してしまう**
- **全体から凹んだ部分をひかずにたしてしまう**
- **そもそも計算（かけ算）ができない**

■複合図形の体積の求め方でよくある誤答

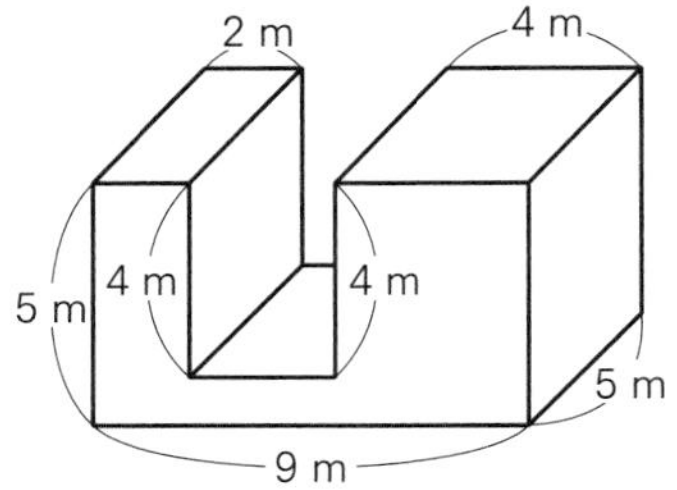

- 凹んでいる部分の体積を４×４×４と計算してしまう
- 全体から凹んだ部分をひかずにたしてしまう
- そもそも計算（かけ算）ができない

まず、凹んでいる部分には縦と横の長さが書いてないので、算数でつまずく子はこの部分の体積が求められません。手前に書いてある2つの４mと、９mと５mという数字から勝手に一辺が４mの立方体と推測して計算してしまう子もいます。

また、全体から凹んだ部分をひかなければいけないのに、それぞれの体積を求めて、あろうことか「たして」しまう子どももいます（これは第6章で紹介するワーキングメモリーの不足が関係しています）。個々の計算をしているうちに、「わける」か「ひく」かがわからなくなってしまう（忘れてしまう）のです。

「わける」や「ひく」などの求め方がわかったとしても、計算の時点で「５×９×５＝１２５」などとしてしまう子もいます。つまり、計算ができないのです（しかも、ほとんどが九九レベルでつまずいています）。

このように子ども達のつまずきを丁寧に検証していれば、いわゆる**ディスカッションや活動中心の授業が、子どものつまずきの解消には全くつながらない**ことがわかります。

実は、子どものつまずきを解消している先生の多くが、「わける」か「ひく」かのいずれで解くのかという説明を5分程度ですませ、残りの時間は同じような問題（類題）を解くという授業をしています。

しかし、残念ながら研究授業や教員向けの書籍のどれをみても、複合図形はグループ学習やディスカッションをして発表して終わりといった実践しかありません。**活動や話し合いすることが目的となり、子ども達に面積や体積を求める力がついたかどうかが二の次にされている**のです。

「ねらい」と「手だて」を混同してはいけない

もちろん、ディスカッションのようなグループ学習を否定しているわけではありませ

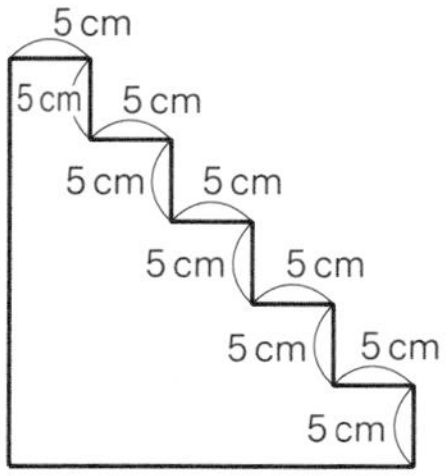

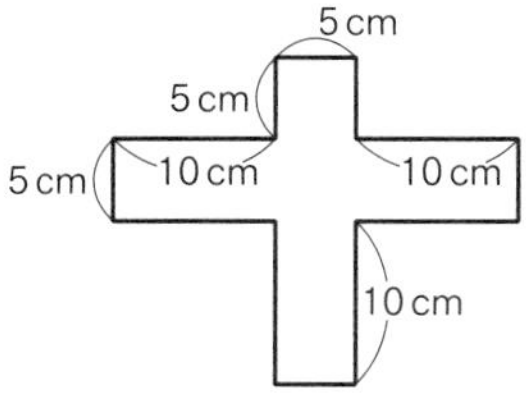

ん。大切なことはねらいとそれにそった手だてかどうかです。**「わける」や「ひく」というのは、面積・体積の求め方の工夫の基本的な考え方です。基本的な考え方は、教えるだけでかまわない**のです。

仮に、グループ学習を通して伸ばしていきたいのなら、「わける」や「ひく」を使って、上のような図形の面積を求める場合が良いでしょう。これは、「わける」や「ひく」を応用した、発展的な内容です。このような問題では、解き方は1つに決まりません。問題によっては非常に画期的な解き方があるはずです。

例えば、十字型の面積は、5㎝×10㎝の長方形が4つあると考え、「5×10×4」という方法で求めることもできます。階段状の面積は、一部を切り取って、右側のへこんでいる部分にくっつけると1つの長方形になります。

このような解き方は、教師が一方的に教えては、味も素っ気

■学習成果の5分類（複合図形の面積の求め方）

学習成果	内容の例
運動技能	複雑な図形の面積を求めるために、図に表したり書き込んだりすることができる
言語情報（宣言的知識）	複雑な図形の面積の求め方には、「わける」「ひく」という方法があることがわかる
知的技能	複雑な図形の面積を求めるため、「わける」「ひく」など適切な方法を考えることができる
認知的方略（学習方略）	「わける」「ひく」などの方法を使って、実際に、複雑な図形の面積を求めることできる
態度	複雑な図形の面積を求めるために、適切な方法を考えようとすることができる

R.M.ガニェほか著　鈴木克明ほか監訳「インストラクショナルデザインの原理」（北大路書房）を参考に作成

もありません。グループ学習を通じて、子どもが偶然発見することに意義があるのです。

　このように、**基本的な考え方は教師が教え、反復練習を中心に基礎的な力の定着を図ります。その上で、グループ学習を取り入れる**ことが重要です。これならば、基礎基本の学力の定着も図れ、発展・応用する力も育めるはずです。まさに、ねらいと手だてをマッチさせた指導法と言えます。

　これを先ほどのガニェの学習成果の5分類に照らし合わせて考えてみましょう。

　複雑な図形の面積を求めるために、図

に表したり書き込んだりする力は、運動技能に相当します。複雑な図形の面積の求め方には、「わける」「ひく」という方法があることがわかるのが言語情報、そして、複雑な図形の面積を求めるために、「わける」「ひく」など適切な方法を考えることができるのは知的技能に相当します。そして、実際に「わける」「ひく」などの方法を使って、複雑な図形の面積を求めることができるのは認知的方略です。複雑な図形の面積を求めるために、適切な方法を考えようとすることができるのが態度となります。

大切なことは、**授業を通して子ども達がこのような学習成果を得ること**です。そして、子ども達一人ひとりが、「わける」や「ひく」を使って、複合図形の面積を求めることができるようになったかどうかまでを見届けることです（＝学習者検証）。

教育の効果とは？

子どもの力を伸ばすのに最も重要なことは何でしょうか。メタ分析という手法を使って、教育に関する世界の研究を調べた調査があります。これによると、**指導改善のための形成的評価や教師の明瞭さが重要**であると考えられます。

■学力に影響を与える要因（全138より抜粋）

影響度の高い要因

・３位：指導改善のための形成的評価（0.90）
・６位：学級での児童生徒の行動（0.80）
・８位：教師の明瞭さ（0.75）
・10位：フィードバック（0.73）
・12位：分散学習と集中学習（0.71）
・13位：メタ認知的方略（0.69）
・14位：過去の学力（0.67）
・23位：授業方略（0.60）
・24位：協同的な学習と個別的な学習（0.59）
・31位：家庭環境（0.57）
・36位：ピア・チュータリング（0.55）
・52位：動機づけ（0.47）

影響度の低い（負の）要因

・86位：探求的指導（0.31）
・88位：宿題（0.29）
・105位：学校全体で取り組む授業改善（0.22）
・106位：学級規模（0.21）
・111位：協力指導・ティームティーチング（0.19）
・124位：教員養成（0.11）
・125位：（教師の）教科内容の知識（0.09）
・132位：学習者自身による学習の管理（0.04）
・135位：生活保護（-0.12）
・137位：テレビ視聴（-0.18）

（　）の値は効果量：標準偏差の差

引用文献：ジョン・ハッティ著　山森光陽監訳　「教育の効果　メタ分析による学力に影響を与える要因の効果の可視化」（図書文化）

形成的評価とは、授業を行い、その結果、学習者にどんな力がついたのか、あるいは、どんなことでつまずいているのかを調べ、それらに基づいて授業法を改善していくことです。つまり、学習者検証の原則にのっとって、授業や指導法を改善していくことです。

教師の明瞭さは、簡潔にわかりやすい説明や指示ができるかどうかということです。向山洋一氏が提唱している一時一事とも大いに関係があるでしょう。

この分析で興味深いのは、**教師の教科内容の知識、教員養成、協力指導・ティームティーチング、学級規模、学校全体で取り組む授業改善、宿題は、学力への影響がほとんどない**ことです。

以前から、少人数授業や習熟度別授業のような学級規模、ティームティーチングといった取り組みは、学力を上げるのに直接、影響を与えるものではないと言われていました。

学校全体で取り組む授業改善についても同様です。研究授業を見ていると、子どもの力を伸ばすような授業とはほど遠い授業も少なくありません。

もちろん、これらすべてが意味がないと言っているわけではありません。やり方によっては、非常に効果的な取り組みもあるでしょう。**大切なことは、エビデンスに基づいた指導**か否かなのです。

また、全国学力テストの結果が出るたびに、次のような声をよく耳にします。

- **秋田は家庭の教育水準が高いから**
- **大阪はしんどい家庭が多いから**

確かに、学力への影響度の高い要因の上位に家庭環境が入っています。家で子どもの宿題を見てくれるとか親自身が本を読むといった、教育水準の高い家庭で育った子は、認知的・非認知的能力のいずれも高い傾向にあります。

それに、うすうす感じているとは思いますが、子どもの過去の学力も上位に入っています。つまり、できる子はできるし、しんどい子はしんどいのです。

しかし、**家庭の教育水準や子ども本人の学力以上に、学力への影響度が高い要因があるのも確か**なのです。先ほど紹介した、指導改善のための形成的評価、教師の明瞭さに加え、フィードバック、分散学習と集中学習、メタ認知的方略、協同的な学習と個別的な学習などです。

子どもの力を伸ばしている教師は、これらを経験則で身につけているのです。しかし、その経験則が理論的にも正しいかどうかを、つまり、エビデンスに基づいた指導かどうかを詳細に紹介した本はほとんどありませんでした。

そこで、第2章からは、子どもの力を伸ばすのに必要なことを、さらに詳しく紹介していきたいと思います。

第2章

成長マインドセットを育む

やればできるを実現する

第2章

成長マインドセットを育む

成長マインドセットとは？

勉強でもスポーツでも伸びる子に共通しているのは、「どうしたらできるか？」を常に追求し続ける姿勢です。心理学ではこのような心構えのことを**成長マインドセット（growth mindset）**と呼びます。これはドゥエックというアメリカの心理学者が考えた概念です。

この成長マインドセットは、一言で言ってしまえば**困難な課題に直面したとき「自分はやればできる」と考える傾向**のことです。

一方で、**固定マインドセット（fixed mindset）**と呼ばれるものもあります。**失敗は恥ずかしいことだととらえる傾向**のことです。

この2つを分けるのは、能力観です。人間の能力は可変的で、努力次第で自分の力は伸びると考えるか、あるいは、能力は固定的で、努力しても変わらないと考えるかのちがいが影響しています。

成長マインドセット（growth mindset）
↓失敗も勉強。努力次第で自分の力は伸びるという信念
固定マインドセット（fixed mindset）
↓失敗は恥ずかしいこと。努力しても能力は変わらないという信念

教室場面で考えてみましょう。算数で答えをまちがえてしまったときに、**「どこでまちがえたのか」や「なぜまちがえたのか」を考えようとする子どもは、成長マインドセットの子**と言えます。

一方で、**まちがえた答えを消してしまい、そそくさと正しい答えに書きかえて、何食わぬ顔をしている子どもは、固定マインドセットの子**と言えます。まちがいは恥ずかしいものと考えるのです。「なぜ」まちがえたのか、「どこ」をまちがえたのかといった原因や過程よりも、結果が良ければ（答えがあっていれば）それで良いと考えるのです。

このようなマインドセットは、親や教師といった周りの大人の教育観や指導観によって左右されます。努力した結果や成績だけをほめるのか、努力した過程もほめるのかというちがいです。

答えを写す子の固定マインドセット

固定マインドセットの子どもは、自分で努力して答えを出す努力志向よりも、**手っ取り早く「正解がわかればいい」という結果志向が強い**傾向にあります。

授業でグループ学習をしても、「良くできる子」の答えを写して、それで満足してしまうのです。「なぜ、そういう答えになるのか」考えるよりも、良くできる子の答えを写した方が手っ取り早いからです。これでは自分の勉強になりません。

固定マインドセットの子どもが、遅かれ早かれ行き着く先は、答えを写すという行為です。しかも、それを本人はそれほど悪いことだと思っていません。努力した結果、正解にたどり着くよりも、ノートが正解（だけ）で埋まっていることの方が重要だからです。

固定マインドセットの子どもは、できない理由を考える（いいわけが多い）傾向にあります。「学校で習ってない」とか、そもそも「無理」と言い出すのです。

算数では、九九を始めとする計算力はとても重要です。中でも、暗算は特に重要です。わり算のひっ算や平均を求める問題、分数の計算で通分したり約分したりするときなどです。

固定マインドセットの子どもは、このような場面で**暗算をすることを極度に嫌います。できないと思いこんでいる**のです。あるいは、面倒くさいのです。暗算の重要性は後に紹介しますが、やればできる暗算を、なかなかやろうとしない姿勢が問題なのです。

計算でつまずくとすべてでつまずく

固定マインドセットに陥ってしまう子どもに共通しているのは、**「やってできた」という成功体験が少ない**ことです。がんばって努力したのに、できるようにならなかったら、いずれ努力することが無駄だと思うようになります。いわゆる諦めです。特に算数

■かけ算のひっ算で必要な計算

```
    3 6 7
  ×   4 8
  2 9 3 6
1 4 6 8
1 7 6 1 6
```

→

7 × 8	24 ＋ 2
6 × 8	3 × 4
48 ＋ 5	12 ＋ 2
3 × 8	3 ＋ 8
24 ＋ 5	1 ＋ 9 ＋ 6
7 × 4	1 ＋ 2 ＋ 4
6 × 4	

では、1つのつまずきが次のつまずきへとつながるため、成功体験が得られにくいのです。

算数でつまずいている子どもは、ほぼ例外なく計算でつまずいています。例えば、「367×48」という3けた×2けたのかけ算のひっ算を考えてみましょう。

このひっ算で必要となる計算は、10以上になります。たった一問で10以上の計算をするのですから、ひっ算10問で100以上の計算が必要になります。そして、その1つでも計算ミスをすれば、即まちがいとなるのです。

このような基本的な計算は9割程度できるだけでは不十分なのです。99%以上できてようやく平均レベルです。さらに問題なのは、**九九が言えないだけで「自分は九九すらできないのだ」と思いこんでしまうこと**です。

努力しても無駄なのだという学習観が身についてしまうのです。これは固定マインドセットにつながる、大変由々しき事態です。

「は・じ・き」を教えると子どもは文章を読まなくなる

算数が苦手な子どもにとって、文章題、特に速さの問題はどのように見えているでしょうか。

- **80kmの道のりを2時間で進んだ自動車の速さ**
- **時速80kmで進む自動車が2時間に進む道のり**

速さの単元では、このような問題があります。そこで定番となるのが、「は・じ・き」の公式です（「は・じ・み」や「み・は・じ」と呼ぶ地域もあるようです）。

しかし、これは、安易に手を出してはいけない悪魔の公式だと知っていましたか。

その前に、「は・じ・き」をご存じない人のために、一応、説明をします。このように、○を書いて線で3つに仕切り、左下に「は＝速さ」、右下に「じ＝時間」、上に「き

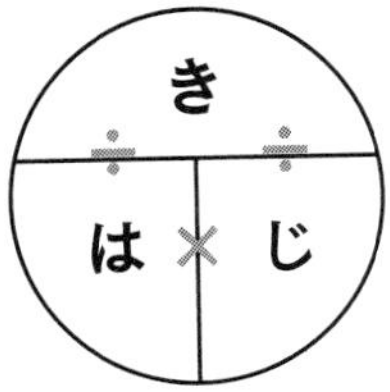

・80kmの道のりを2時間で進んだ
自動車の速さ

↓

道のり80km → 「き＝80」
速さ → 「は＝？」
2時間 → 「じ＝2」

＝距離（道のり）」を書きます。

距離（道のり）を求めたい場合は「き」の部分を隠し、「は」と「じ」をかけます。これで「距離（道のり）＝速さ×時間」で求められることがわかります。同様に、速さを求めたい場合は、「は」の部分を隠せば「き」を「じ」でわれば良いことがわかります。

先ほどの速さを求める問題を「は・じ・き」の公式にあてはめてみると、「き÷じ」を計算して「80÷2＝時速40㎞」で正解！となります。つまり、かけ算かわり算かが瞬時にわかる代物なのです。

しかし、これを使えば速さの単元は楽勝と思ったら大まちがいです。先ほど、私は「は・じ・き」は悪魔の公式だと言いました。その理由は、次のような問題を出されたときに、確実にひっかかるからです。

・秒速30ｍで進む自動車が2時間に進む道のり

この問題を多くの子が、自信満々に「30×2＝60ｍ」と答えるのです。これでは2時間で60ｍしか進まないのでは、歩くよりもはるかに遅い車になってしまいます。

これは**文章題の中から、30ｍと2時間という数字だけをつまんできて読んでいる**ことで起きるまちがいです。つまり、文章を読んでいないのです。

最初の問題に戻りますが、算数が苦手な子どもにはこの速さの問題は、

80㎞、2、速さ
80㎞、2、道のり

と、このように見えているのです。

こうして、80㎞、2時間という数字だけをつまみ読みして、「かける」か「わる」をするようになります。これではいつまでたっても算数ができるようにはなりません。

そういう私も、若い頃は「は・じ・き」推奨派でした。しかし、文章を丁寧に読まな

くなるという指摘を受けて、「ほんとかな?」と、半信半疑でいながら使い続けた結果、あるとき、**確かに子どもは文章を読んでいない**ということに気がついたのです。

実は、算数が得意不得意に関係なく、子どもにはもともとこうした傾向はあります。しかし、「は・じ・き」を教えると、この傾向にますます拍車がかかります。**「は・じ・き」を知ってしまうと、文章を読まなくても答えが出せるため、子どもはますます文章を読まなくなる**のです。

これは究極的には読解力の問題です。ですが、そうは言っても「ひっかけ問題以外は『は・じ・き』で答えが出せるんだからそれでいいじゃん」と思う子どもが、やはり出てきます。これも固定マインドセットの典型例と言えます。

速さも暗算も「やればできる」

6年生では分数のかけ算とわり算を教えます。極端な例では、約分するときに「45÷3」のような計算でも、ひっ算でやろうとする子どもがいます。そういう子どもは、まず算数が苦手です。

私の指導方針では、

- **かける数が1けたのかけ算**
- **わる数が1けたのわり算**

は、暗算でやるのがルールになっています。

このように暗算をするように言うと、初めのうちはほとんどの子どもが「無理」と言います。といっても、ほとんどがいわゆる「食わず嫌い」の状態なので、実際に、暗算をやらせてみるとほとんどの子どもができるのです。

実はこれくらいの暗算は、暗算であって暗算ではありません。**わり算は商を立てるとき、すでにかけ算を暗算でやっています。**かけ算のひっ算も、かける数を１つずつかけているだけですから、結局、暗算をしているのと一緒です。

にもかかわらず、子どもが「無理」というのは、やったことがないからです。やったことがないから「無理」だと思いこんで、決めつけているのです。これも固定マインドセットの典型例です。

そういう子ども達に成長マインドセットを育むためにはどうしたら良いでしょうか。丁寧に、「暗算は大事なんだよ」と説いても徒労に終わるでしょう。ましてや「暗算でやりなさい」と命令口調で押しつけても逆効果です。

子どもが、「やってできた」という達成感（成功体験）を味わうことが必要不可欠ではないでしょうか。暗算の大切さや便利さを体験することで、暗算をしようとか暗算ができるという自信へとつながるからです。

しかし、そのためには**1つだけ条件があります。それは九九が完璧に、しかも、素早く言えること**です。

百ます計算を「読む」ことで自己効力感を高める

かけ算もわり算も、九九が重要なのは言うまでもありません。それは現場の先生方も重々承知だと思います。**4年生以上で、百ます計算のかけ算が5分以上かかる子は、まず授業に参加できない**と思います。

しかし、最低でも3分以内で百ます計算を解くことができれば、なんとか授業についいていけるようになります（理想は2分以内です）。そうは言っても、学校には授業で毎回、百ます計算をやっている余裕はありません。

そういうときは、**教師自身が「できない」と決めつけるのではなく、「どうしたらできるのか」という成長マインドセットをもつことが大切**です。

私の場合は、**百ます計算を「読む」**という方法で克服しました。やり方は簡単です。

・**導入として初回のタイムを計測します**
・**2回目以降は、百ますプリントを空欄のまま答えを言って練習します（読む）**
・**一通り練習した後、書き込んで解き、タイムを計りグラフに記録します（解く）**

ちなみに、この方法を陰山英男氏にお話ししたら、「そのやり方いいですね」と大変喜んでおられました。

ポイントは、百ます計算を音読するところです。九九がすらすら言えない子どもは、計算ドリルをやらせてもいたずらに時間がかかるだけです。しかも、やればやるほど算数が嫌になったり、自信をなくすことにつながったりします。計算問題をただやらせるだけでは良いことは何一つありません。

しかし、みんなで音読すれば、言いまちがえても他の子が正解を言っているので、子ども自身ですぐに修正できるのです。教師が毎回、採点する手間も省けます。

また、一斉での音読だけではなくて、各自、音読させてみたり高速で音読させてみたりして、変化をつければ子どもは喜んでやってくれます。始業前の10分程度のモジュールタイムに全学年で取り組んでも良いでしょう。

百ます計算には確かにデメリットもあります。極端に計算が苦手な子は5分で終わらないですし、採点にも手間がかかります。しかし、**ねらいは何なのかということを考えたら、デメリットがなくなるやり方を考えればいい**のです。

極端に計算が苦手な子どもがいたら、百ますではなく五十ます、いや二十ますで始めるなど、スモールステップを心掛けるのです。あるいは、初回の計測を5分でうち切ってしまうことです。**音読して練習すれば、タイムは確実に縮まるので、初回に5分以上かかっても心配ないと子どもに伝えます**。

百ます計算のツボは、実はタイムを計ることにあります。やればやるほどタイムは縮まるので、自信につながります。だから、グラフに記録しておくことが重要なのです。

教師がほめなくても、グラフに記録していけば、だれでもタイムが縮まるのでほめるまでもなく自信につながります。

心理学ではこのような自信を特に「自己効力感」と言います。「やればできる」という、文字通り実際にやってできたという達成感なのです。

このような成功体験は、成長マインドセットにもつながります。

教師こそが成長マインドセットを

子どもの成長マインドセットを育てるためには、教師自身が成長マインドセットをもつことが大切です。これは学習者検証の原則とも大いに関係があります。**子ども達ができていないうちは、上手く教えることができていないと考える**のです。

ですから、どうしたら子どもができるようになるかを常に考えることが大切です。そういうマインドで日々の実践にあたり、並行して、本を読んだりセミナーに参加したりすると、何かしらの答えを見つけることができます。

教師になって十年くらいたつと、だいたい一通りの学年を受けもつことになります。

初めて受けもった学年で、算数を上手に教えることができなかったときに、「まあ、こんなもんかな」と思うのではなく、**「どうしたら、子どもの力を伸ばすことができるのか」を常に考える**のです。

まちがっても、「算数ってどんなに教えても子どもがわかったりできるようになったりしないんだな」と思ってはいけません。算数は、教え方の肝さえわかれば、簡単に子どもの力を伸ばせる教科だからです。

ARCS（アークス）モデルで授業をデザインする

子どもの成長マインドセットを育むには、適切な動機づけが必要です。

ARCSモデルというのをご存じでしょうか。ジョン・ケラーという人が提唱した動機づけのモデルです。注意、関連性、自信、満足（感）の4つで構成されています。

1つ目の**注意（attention）**について、まず思いつくのがクイズやネタだと思います。ただし、クイズやネタだけでは不十分です。

というのも、授業で毎回クイズをすることが可能かというと、そうはいかないでしょう。また、例えクイズで子どもの注意をひいたとしても、それはその瞬間だけの注意であり、授業や教科の学習そのものへの注意ではありません。

その点に関して、最近、私は授業で板書するのを極力減らすようにしました。代わりに、パワーポイントを使って、スライドで授業を進めるようにしています。

板書をすると、子ども達は板書を写すことに精一杯で、重要なポイントを聞き逃すことがよくあります。ノートに写すのに時間がかかり、板書を写すことが目的になってしまうのです。

しかし、スライドで表示すると、ノートを取るとか他のことをする機会が格段に減ります。子ども達は「今日はどんなことをやるんだろう」と意識的にスライドを見るようになります。

この方が、子どもは授業に集中できるのです。**注意とは、このように授業や学習内容に集中できるようにするための「しかけ」**である必要があります。

2つ目の**関連性（relevance）**とは、今勉強していることが、他の単元や教科とどう

■動機づけのARCSモデル

A：注意（attention）
R：関連性（relevance）
C：自信（confidence）
S：満足（satisfaction）

つながり、将来どのように役に立つのかということです。

中学校で学ぶ正の数・負の数は、地理の時差と関連しています。国語で習う題材を、英語の授業で英文で読んでみるなども関連性と言えます。

また、自己関連づけ効果といって、自分に関係することや自分の関心があることとつながりがあると、学習意欲も効果も高まるとされています。

国語の倒置や比喩などの表現技法をジブリ映画の「天空の城ラピュタ」のセリフで覚えるという秀逸な例もあります。

いずれにしても、大切なことは**その場しのぎのつながりではなく、学びの本質につながるような関連性を教師が示せるかどうか**にかかっています。

3つ目の**自信（confidence）**とは、注意、関連性によって「自分もこれならできそう」と思わせることが大切だと言うことです。先ほどの自己効力感とも大いに関係があります。

国語の小難しい表現技法を、ラピュタのセリフになぞらえて紹介することで、「わかりやすい」と子どもが感じることが重要です。これなら「わかる」という自信につながるからです。

これは算数でも同様です。計算が苦手な子どもでも**百ます計算を「読む」ことで、自分でもできそうと思わせるところがポイント**なのです（これには、第5章で紹介するスモールステップの原則が参考になるでしょう）。

４つ目の**満足（satisfaction）**とは、達成感と言いかえても良いかも知れません。先ほどの国語の表現技法だと、いつもの板書とはちがう方法で、しかも、画像やイラストをふんだんに使ってスライドで提示すれば、いやでも子どもの注意を引きます。そして、ラピュタでも国語で習うのと同じ表現技法が使われているという関連性がわかり、しかも、ムスカのセリフという具体的な例があってわかりやすいということになれば、自信につながります。これらの要素を満たせば満たすほど、学習者の満足感は高まります。

成長マインドセットを育むためにも、**身につくまで学べたという満足感が味わえるような授業づくりが大切**なのです。

第3章

「算数」で読解力を底上げする

文章を読みとばすクセをなくす

第3章

「算数」で読解力を底上げする

「活動あって学びなし」の授業はなぜ起こる？

昔から、読み書き計算とはよく言ったものです。

ところが、最近はアクティブ・ラーニング（主体的・対話的で深い学び）もあり、見る聞く話すなどの活動中心の授業が注目されています。

1つ誤解があるのは、**見る聞く話すという活動中心の授業であっても、最終的に子どもに読む力、書く力、計算する力が身につかなければ意味がない**ということです。特に読む力はすべての学習において基礎となる学力です。教科書が読めなければ、どんな力も伸ばせるはずがありません。

とはいえ、今までは、読み書き計算をドリル形式でやらせてきたのが現実です。これは成長マインドセットを育む点でも問題です。

ですから、これからの教育は、「読み書き計算」と「見る聞く話す」という活動を通して、読む力、書く力、計算する力はもちろん、見る力、聞く力、話す力の全てを育むのがねらいとならなければいけません。

一番いけないのは、授業で見る聞く話すといった活動を重視するあまり、読み書き計算が身につくのがおろそかになってしまうことです。いわゆる「活動あって学びなし」という授業です。

つまり、これもねらいと手だての問題なのです。読み書き計算といった基礎基本の学力の定着には、反復練習は欠かせません。これらを宿題や家庭学習に丸投げしてしまっては問題です。**授業は授業、反復練習は反復練習と割り切ってしまうことが、「活動あって学びなし」の授業につながってしまう**のです。

もともと日本の読解力は危機的水準にある

３年おきに実施されているＯＥＣＤの生徒の学習到達度調査（ＰＩＳＡ）では、毎回、結果が発表されるたびにいろいろな議論が巻き起こります。

■PISA日本の平均得点の変化

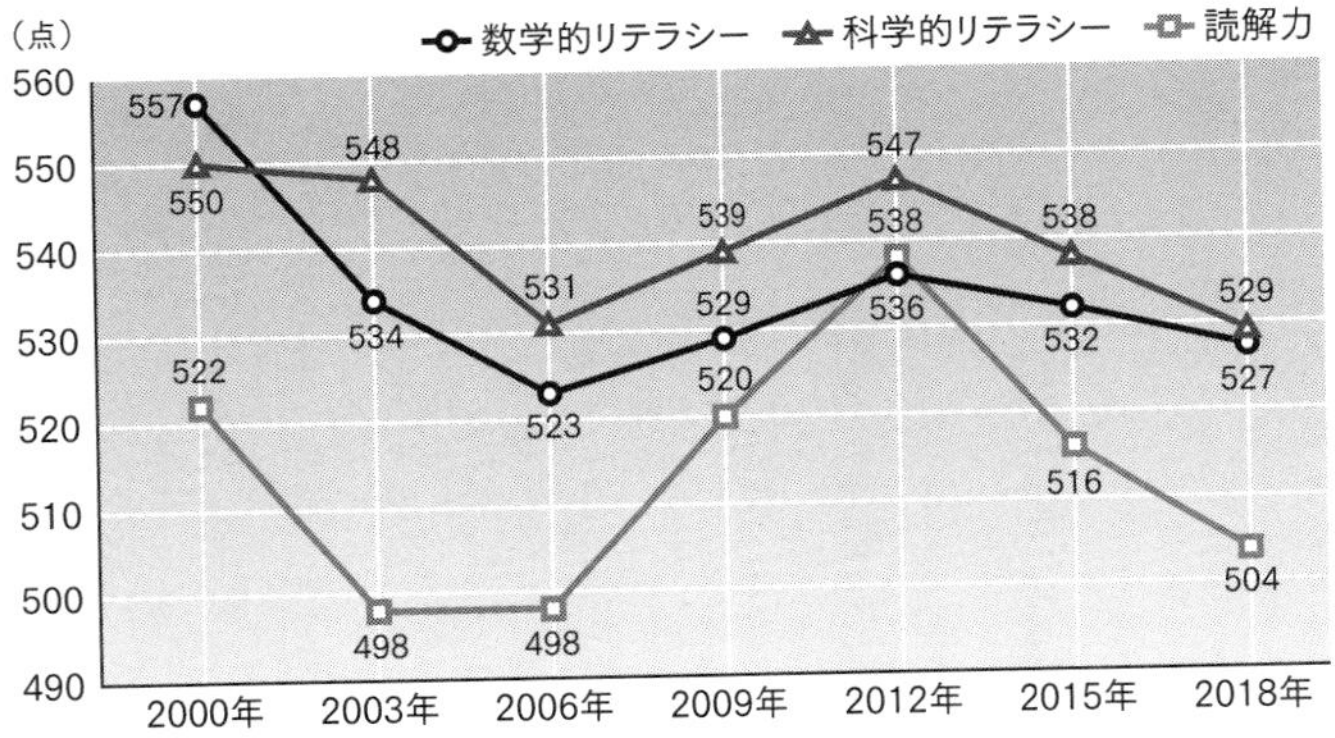

とかく、読解力に関しては、「問題が日本人に向かない」という、根拠がよくわからない意見もあります。

しかし、このような議論が巻き起こること自体、非常に危機的な感じがします。というのも、ＰＩＳＡの読解力の問題が日本人に合わないのではなくて、もともと日本人の読解力はそれほど高くないのではないかと考えられるからです。

それを裏づけるのが、ＰＩＳＡの得点の推移です。**数学・科学的リテラシーに比べて、読解力は一貫して低い**のです。ちなみにこの数値は、いわゆる偏差値のようなものであり、参加国数が増えても平均が５００になるように調整されています。

つまり、日本の読解力は平均レベルかそれよりもやや高い程度で、数学・科学的リテラシーに比べて決して優秀とは言えないのです。

この結果からもう1つ重大なことが読みとれます。それは、**読解力は数学・科学的リテラシーと関連している**ということです。統計学ではこれを相関関係と呼びます。読解力が高くなると数学・科学的リテラシーも高くなり、読解力が低くなると数学・科学的リテラシーも低くなるのです。

これは読解力というテキスト情報を正しく読める力が、学力の形成に大いに関係していることを示しています。

子どもは教科書を読んでいない⁉

読解力に関して、新井紀子著「AI vs 教科書が読めない子どもたち」（東洋経済新報社）という書籍が話題となりました。この本から、子ども達がいかに文章を読んでいないかがわかります。

例を1つ紹介したいと思います。これは、地理の教科書の世界の宗教の分布を説明し

■世界の宗教の分布

> 仏教は東南アジア、東アジアに、キリスト教はヨーロッパ、南北アメリカ、オセアニアに、イスラム教は北アフリカ、西アジア、中央アジア、東南アジアにおもに広がっている
>
> オセアニアに広がっているのは
> ①ヒンドゥー教　②キリスト教　③イスラム教　④仏教
>
> 高校生の選択率
> ①２％　②72％　③６％　④21％

（新井紀子著「AI vs 教科書が読めない子どもたち」東洋経済新報社より）

た文章です。この文章を読んで、オセアニアは何教なのかを答える問題を出したところ、正解できなかった中高生が約3割もいたのです。正解が文章中に書いてあるのにも関わらず。

もっとも多かった誤答が、仏教という答えです。どうやら、文頭にある「仏教」と文中にある「オセアニア」を勝手に結びつけて仏教と答えてしまったようです。選択率が21％もあることから、**約5人に1人が文章をよく読まず、つまみ読みして答えている**という実態がうかがえます。第2章で、速さの問題をつまみ読みしている例を取り上げましたが、地理でも読みとばしをしているのです。

これは、読解力の欠如という点でも問題ですが、**文章を読んでもわからないから、適当につまみ読みして答えれば良いという学習マインドをもっている**

可能性もあり、かなり深刻な問題です。

算数の読解力は「精緻《せいち》化」「要約」「例示」で伸ばせる

読解力は「精緻《せいち》化」「要約」「例示」で飛躍的に底上げすることができます。

「精緻化」とは、詳しい情報をつけ加えることです。例えば、時速〇kmとは、1時間に〇km進むという意味です。時速60kmだけでは、子どもは道のりとかんちがいしている可能性もあります。このように速さという単位の意味がわからないので、子どもの多くが、読みとばしをしているのです。ですから、算数でも言葉の意味を丁寧に説明して、理解をうながす必要があります。

「要約」とは、算数の文章題で、問題文が何を問いかけているのかを読みとることです。

例えば、4年生で何倍でしょうという単元があります。このような文章題で大切なことは、関係性を簡潔に読みとることです。要するに、**「〜は…の何倍か」を読みとれば良い**のです。

■何倍でしょう（４年生）

たろうさんのお父さんの体重は60kgで、これはたろうさんの体重の３倍です。たろうさんの体重は妹の体重の２倍です。妹の体重は何kgでしょう。

上の問題では、まず、「これはたろうさんの体重の3倍です」という部分から、

・父はたろうの3倍

ということが読みとれることが大切です。このとき、「体重」という言葉を省いてもかまいません。

「～は…の何倍か」を意識して読みとるように働きかけないと、**子どもは数字だけをつまみ読みして、数字と数字の関係性までは読みとろうとしない**のです。文章の量が多すぎて読みとれないと言った方が正確かもしれません。

「例示」とは、わかりやすい数字に置きかえることです。例えば、「$\frac{5}{7}$Lで$\frac{2}{3}$㎡の壁を塗れるペンキがあります。このペンキ1Lでは何㎡の壁が塗れますか」という問題があったとします。

これは出てくる数字が分数で、イメージしづらいので非常に難しい問題です。しか

し、「2Lで$\frac{2}{3}$㎡の壁が塗れる」という問題だったらどうでしょうか。もっと言えば、「2個で$\frac{2}{3}$㎡の壁が塗れる」という問題ならよりイメージしやすくなります。

このように、いったん、簡単な数字に置きかえて説明することで、わかりやすい説明になるのです。

以上のように、文章題はただ読ませるのではなく、**何をどのように読みとれば良いのかねらいをはっきりさせて読みとる練習をすることが大切**です。そうすることで、算数でも読解力を伸ばすことができるのです。

速さは意味を教えること（精緻化）で克服できる

速さの問題は、「は・じ・き」を使わなくても、読解力を底上げすれば、簡単にできるようになります。理由は、西川純著「なぜ、理科は難しいと言われるのか?」（東洋館出版社）が参考になるでしょう。

オームの法則は、「は・じ・き」と同じ関係式なのに、中学生にとっては難しいようです。西川氏によると、その理由は「単位のちがい」なのだそうです。アンペア（A）

とオーム（Ω）をかけるとボルト（V）になると言われても、大人でもよくわかりません。

しかし、速さの場合はオームの法則とちがい、単位の意味を理解させることができます。

- **時速〇㎞＝1時間に〇㎞進む**
- **秒速〇m＝1秒間に〇m進む**

このように、**単位量あたりの大きさ（時間あたりの道のり）で説明**すれば、速さはそれほど難しいものではないのです。

「時速60㎞で進む自動車が、2.4時間に進む道のり」を答える問題があったとします。

時速60㎞とは、1時間に60㎞進む速さなので、

- **2時間なら60×2＝120㎞進む**
- **3時間なら60×3＝180㎞進む**

と、**簡単な数字に置きかえて、比の関係を利用して考えるようにします。**

そうすると、「60×2.4＝144km」とかけ算で求められることがわかります。

では、「2.4時間で60km進む自動車の時速」という問題ではどうでしょうか。この問題では、2.4時間という数字が問題を困難にさせています。そんな時も、

- **2時間で60km進む自動車の時速↓60÷2＝時速30km**
- **3時間で60km進む自動車の時速↓60÷3＝時速20km**
- **4時間で60km進む自動車の時速↓60÷4＝時速15km**

と、いったん簡単な数字に置きかえて考えさせてみると、ほとんどの子がいとも簡単に答えることができます。

この流れで「2.4時間で60km進む自動車の時速」はどうやって求めれば良いかを聞いてみましょう。

そうすると、多くの子が、

道のりを時間でわれば良い

と答えることができるようになります。

そう、1時間あたりの道のりを求めるのですから、単純に時間でわれば良いのです。

このように、速さの問題であっても、これは、「読解力の問題」なのです。

割合は「～は…の何倍か」を読みとる（要約する）ことで解ける

4年生の何倍でしょうという単元では、次のような「白いテープは赤いテープの何倍か」といった問題を扱います。この問題では、子ども達は「2÷1.6」をすれば良いのか、「1.6÷2」をすれば良いのかを考えなければなりません。

先生方は多くの時間を割いて、この問題の解き方を説明していることだと思います。

しかし、現実は皮肉なもので、ほとんどの子どもが「2÷1.6」か「1.6÷2」を、一か八かの二者択一で解いています。

●何倍でしょうを要約する

赤いテープの長さは２ｍで、白いテープの長さは1.6ｍです。
白いテープは、赤いテープの何倍でしょう。

↓

「白は赤の何倍か」を答えれば良い！

●簡単な整数で例示する

・16は２の何倍か　→　16÷２をすれば良い
・16は４の何倍か　→　16÷４をすれば良い
・16は８の何倍か　→　16÷８をすれば良い
では、
・1.6は２の何倍か　→　1.6÷２をすれば良い

そうなる理由は、実ははっきりしていて、そもそも子どもは文章を読んでいないのです。２と1.6という数字があったら、**文章中に出てきた数字を、そのままの順番でわり算しているだけ**なのです。

ためしに、冒頭の部分を「白いテープの長さは1.6ｍで、赤いテープの長さは２ｍです」と入れかえてみると、多くの子どもが正解できます。

このように、文章を読まず問題を解くのを防ぐには、算数とは言え、読解力を底上げする必要があるのです。

このような場面で必要な読解力とは、

要するに何を答えれば良いのか

と、要約する力です。「白いテープは赤いテープの何倍か」を求めれば良いわけですから、つまり、「白は赤の何倍か」がわかれば良いのです。

そのためには、**簡単な数（整数）で置きかえた例示が有効**です。

16は2の何倍かなら、「16÷2」をすれば良いことがわかります。同様に、16は4の何倍かなら「16÷4」、16は8の何倍かなら「16÷8」をすれば良いのです。

では、1.6は2の何倍かと問われたら、「1.6÷2」を計算すれば良いということがわかるはずです。

このように整数に置きかえて例示すれば、「～は…の何倍か」なら「～は÷…の」をやれば良いということがわかるのです。

実はたった、これだけのことなのです。それを教師が、いかに単純で明快に説明するかどうかが重要なのです。

簡単な数字で考える（例示する）ことでわかる

速さと並んで難しいとされているのが、6年生の分数のわり算です。

【難しい】
長さが$\frac{4}{5}$ｍで、重さが$\frac{3}{4}$kgの鉄のぼうがあります。この鉄のぼう１ｍの重さは何kgでしょう。
【やさしい】
長さが３ｍで、重さが$\frac{3}{4}$kgの鉄のぼうがあります。この鉄のぼう１ｍの重さは何kgでしょう。

＜簡単な整数で例示する＞
・２ｍで$\frac{3}{4}$kgの鉄のぼう　→　$\frac{3}{4}\div 2$をすれば良い
・３ｍで$\frac{3}{4}$kgの鉄のぼう　→　$\frac{3}{4}\div 3$をすれば良い
・４ｍで$\frac{3}{4}$kgの鉄のぼう　→　$\frac{3}{4}\div 4$をすれば良い
では、
・$\frac{4}{5}$ｍで$\frac{3}{4}$kgの鉄のぼう　→　$\frac{3}{4}\div\frac{4}{5}$をすれば良い

「長さが$\frac{4}{5}$ｍで、重さが$\frac{3}{4}$kgの鉄のぼうがあります。この鉄のぼう１ｍの重さは何kgでしょう」という問題があったとします。

これも多くの子どもが、いえ、ほとんどの子どもが「$\frac{4}{5}\div\frac{3}{4}$」と計算します。先ほど説明したように、**出てきた数字をそのままの順番でわり算しているだけ**だからです。

では、どう教えたら良いのでしょうか。

少し問題を変えてみましょう。

「長さが３ｍで、重さが$\frac{3}{4}$kgの鉄のぼうがあります。この鉄のぼう１ｍの重さは何kgでしょう」とすると、「$\frac{3}{4}\div 3$」だと気づける子が出てきます。$\frac{4}{5}$mが3mと整数ならそれほど難しくないのです。

結局、**この問題は、「$\frac{3}{4}\div\frac{4}{5}$」と、重さを長さでわれば答えを求められる**のです。

つまり、整数でも分数でも、

1mあたりの重さを求めるときはmでわれば良い

のです。

ちなみに、「この鉄のぼう1kgの長さは何mでしょう」という問題になれば、反対に長さを重さでわれば求められます。

1kgあたりの長さ→kgでわる

読解力は一朝一夕には身につかない

「精緻化」「要約」「例示」といった、読解力を底上げする方法を使っても、たった1回の授業で、子どもがすぐにできるようになるわけではありません。

問題を解く↓まちがえる↓解き直す（類題を解く）という試行錯誤をして、ようやくできるようになるのです。

実際、子ども達に何回も類題（似たような問題）を解かせても、出てきた数字をただわっているだけということが何度もあります。

そうして、ある日、ようやく、

「この問題って１ｍの重さを求めるんだから、ｍでわればいいんじゃない？」

と言い出す子が出てくるのです。

ここまでかかるのに、1ヶ月かかるなんてことはざらです。**読解力というのは、一朝**

一夕には身につかないのです。

くれぐれも、たった1回の授業でわかるようになるとか、グループで話し合ったからできるようになると思ってはいけません。

算数はシンプルにかけ算を基準に考える

算数では、かけ算やわり算の「意味」まで理解しているかどうかという点で、読解力はとても重要です。

例えば、「倍」と言われても、「わり算」だと思っている子が相当数います。4年生以降、「何倍ですか」のような、わり算で答えを求める問題が増えるからです。こうして、いつの間にか**子ども達に「倍＝わり算」というイメージが染みついてしまう**のです。

ですから、6mの$\frac{2}{3}$と言われても、「$6 \div \frac{2}{3}$」をやればいいのか、「$6 \times \frac{2}{3}$」をやればいいのか、わからない子が後を絶たないわけです。これを6mの$\frac{2}{3}$倍と言っても、まだ、かけ算をすれば良いということがわからない子も少なくありません。

「〜の□倍」がかけ算だということは、「何個分」と言いかえてあげれば、多くの子どもは理解できます。ところが、**4年生以降は、□倍の部分が小数や分数になるからわからなくなる**のです。

さらに、これがわり算になるとより複雑です。

というのも、わり算には「等分《とうぶん》除」と「包含《ほうがん》除」という2種類のわり算があります。特に「包含除」は割合や速さを求める問題で必要になります。算数が苦手な子どもには、これを理解するのが特に難しいのです。

このときに、無理矢理、小数や分数の世界を子どもに理解させようとすると、かえってうまくいきません。もちろん、イメージは大切ですが、そもそも、4年生以降の算数は、イメージするのが難しい抽象的な概念を扱います。例えば、分数のわり算がなぜ逆数のかけ算になるかを、面積図を使って教えても良いことは1つもありません（授業でごり押ししても、子どもが辟易するだけです）。

▒加減乗除の意味

- たし算：あわせていくつ
- ひき算：ちがいはいくつ、差はいくつ
- かけ算：〜の□個分、〜の□倍
- わり算：〜１個分はいくつか？（等分除）
  〜は…の何倍か？（包含除）

それよりも、わり算はいったん、「〜は…の何倍」とかけ算をベースに考える方がシンプルに教えることができます（詳しくは第8章の学習方略を身につけるで紹介します）。

そう、**実は小学校の算数のほとんどは、かけ算をベースに考えればそれほど難しくない**のです。その基礎基本となるのが読解力にほかならないのです。

第4章

アウトプットを意識する

良い反復練習、悪い反復練習とは？

第4章 アウトプットを意識する

つまずきの原因は公式や解法を「思い出せない」から

大人になると漢字をど忘れすることがあります。では、その漢字を「覚えていない」のでしょうか。ど忘れというのは、「思い出せない」ことであって、「覚えていない」ということではありません。

これと同じようなことが、算数でも起こります。公式や解法を思い出せないことです。算数・数学でつまずいている子どもほど、その頻度は高くなります。

- 「4×8=24」などの九九のまちがい
- わり算のひっ算で、あまりがわる数より大きくなっている
- 三角形の面積の÷2を忘れる

・円の面積なのに直径×３．１４を計算している

算数でのつまずきの三大要因は、計算力の欠如、読解力の欠如、そして、公式や解法を思い出せないことです。

わり算のひっ算では、商をたてるための計算（暗算）力が必要です。また、読解力がなければ、文章題を解くことは難しくなります。

そして、公式や解法を思い出せないということは、算数では致命的なつまずきになります。何をやって良いのか全くわからなくなってしまうからです。

そのため、子どもを算数でつまずかせないためには、公式や解法を覚えさせる必要があります。こう言うと、公式や解法を詰め込めばいいのかと思う人もいるかも知れませんが、そうではありません。

むしろ、逆です。**詰め込むのではなく「思い出せる」ようにする**のです。

「記銘」「保持」「想起」という記憶の3つのプロセス

私は教員養成課程の中でも珍しく、免許教科の専攻だけでなく教育科学の専攻も学ぶ課程を卒業しました。教職課程をとりながら、認知心理学も専攻していたのです。その経験が今では大いに役立っています。その恩恵の1つに、記憶に関する研究の知見があります。

記憶には、「覚える（記銘）」「覚えている（保持）」「思い出す（想起）」という3つのプロセスがあります。**「記銘」とは、頭の中へ情報を取り込むこと**です。何度も何度も練習したり、口ずさんだりするといった反復練習が必要です。**「保持」とは、基本的には一度長期記憶に保存された情報は、消えずにずっと保存されるということ**です。**「想起」とは、長期記憶から情報を取り出すこと**です。いわゆる「忘れる」という現象は、必要なときに長期記憶から情報を取り出すことに失敗したことを指します。

さて、この3つのプロセスの中で、最も大切なのはどれでしょうか。

それは、「想起」である思い出すプロセスです。**何回も何回も思い出すことを通し**

て、**すぐに思い出せるようになるのがいわゆる覚えたという現象**なのです。小学生が漢字や九九をある程度忘れずに覚えていられるのも、日常生活でよく使っているからです。

逆に、思い出す頻度が少ないものほど忘れやすくなります。復習が大切だと言われる理由はそこにあります。

「テスト効果」で学習効果を最大限に

認知心理学で、テスト効果（Testing Effect）と呼ばれるものがあります。**小テストをしたり問題を解いたりする方が学習効果が高い**ことです。いわゆる問題演習は立派な学習法なのです。

学校では、１つの例題をじっくり時間をかけて取り組むことが多いようです。しかし、このような授業では、もう塾で習って解き方を知っている子どもにとっては退屈な授業になりがちです。一方で、算数が苦手な子どもは、１つの例題を解いただけでは解き方の見通しを立てる力が身につかず、結局、何をやって良いのかわからないということが起こります。つまり、どっちつかずの授業になってしまうのです。

そのような場合は、**類題を解くという問題演習型の授業の方が効果的**です。例えば、5年生で学ぶ三角形や平行四辺形の面積の求め方の単元で考えてみましょう。

平行四辺形の面積は、「底辺×高さ」で求められるということを簡単に説明した後、教科書の例題や計算ドリルの問題を解いてみます。底辺と高さだけでなく、斜辺など面積を求めるのに必要のない数値が書き込まれている問題を解くことも大切です。

できる子ども用に、応用や発展問題として、斜めに傾いた平行四辺形（底辺が水平になっていない）や、面積がわかっているけれど、底辺か高さのいずれかがわからない問題などを用意しておくと良いでしょう。

この時、まず、**基礎基本の問題は全員が満点を取れることを目標**とします。そして、それが達成できた子どもから、応用や発展問題を解くようにします。基礎基本の部分は全員の学力を保証し、それ以上はできる子どもが挑戦する「チャレンジ課題」とするのです。

ちなみに、**個の学力に応じて課題を変える方法を学びの個別最適化**と言います。これは、できる子どもが浮きこぼれることも、できない子どもが落ちこぼれることも防ぐために、とても大切な視点です。

学習の結果に対するフィードバックをする

テストや問題演習を行ったら、必ず「答え合わせ」と「解き直し（間違い直し）」をすることが大切です。**特に、まちがえた問題の扱いは、マインドセットの観点からも重要です**し、答え合わせはフィードバックに、とき直しはメタ認知をうながすために欠かせません。

例えば、75の約数を答える問題で、「1、3、5、75」と不十分な答えを書いた子どもがいたとします。多くの学校では解説をして、赤ペンで正しい答えを書かせておくだけという指導をしているようです。

計算ドリルのような宿題の場合も、自分で丸つけをさせて、まちがえた問題は赤ペンで答えを写させておくだけという指導をしているところが多いようです。

しかし、これではそのときは「わかる」かもしれませんが、後でもう一度、同じ問題を解かせてみたら、さっぱりできなかったということはよくあります。

これは、**「わかったつもり」にさせているだけだから起こる**現象です。「わかる」というのはじわりじわりと効いてくるので、たった1回、解説をしたり、赤ペンで答えを写したからといって、「わかる」ことはまずありません。

授業も同じで、**1回のドラスティックな授業をやったからといって、子どもに何かが身につくということはまずありません。**

特に算数は、概念的な理解や思考よりも、まず、手続き的な知識や技能の習得が重要な教科です。実際に問題を解いたり、まちがえた問題を解き直したりしない限り、身につく力も身につかないのです。

良い反復練習と悪い反復練習

認知心理学で、興味深い実験があります。

4つのグループに分け、スワヒリ語を覚えるという実験をしました。1度テストをした後、復習をしてもらい、1週間後に再度テストをしました。次のA～Dのグループのうち、最も成績が良かったグループはどれでしょう。

Ａ：全部の単語を復習して、全部の単語を再テスト
Ｂ：まちがえた単語のみ復習して、全部の単語を再テスト
Ｃ：全部の単語を復習して、まちがえた単語のみ再テスト
Ｄ：まちがえた単語のみ復習して、まちがえた単語のみ再テスト

再テストの結果は、ＡとＢのグループの成績がよく、ＣとＤのグループの成績はあまりよくありませんでした。これには、興味深い点が２つあります。

１つ目は、一般的には、まちがえた問題だけを再テストすれば良いと思われているかもしれませんが、実はそうではありません。**全部のテストを再テストした方が成績がよかった**のです。これはテストをすること自体に学習効果があるからです。

２つ目は、ＡとＢでは復習量はちがうのにどちらも良い成績だということです。つまり、**復習は全部やる必要がなく、まちがえた問題を中心にやった方が効率的**ということです。

この２つの興味深い点は、学習指導をする者にとってはとても重要な知見です。

学校でも塾でも、計算ドリルやプリントを何回もやらせるという指導をしている人が多いようです。

しかし、それは**まちがえやすい問題をくり返し解く必要がある**のであって、もうすでに十分解ける問題を何回も解く必要はありません。

これは漢字や英単語でも同じです。**できる問題を何度も解いても、できない問題ができるようになるわけではない**のです。

それよりも、解けなかった問題やまちがえそうな問題を、丁寧に何度も解いた方が、はるかに力はつくはずです。

単元テストは良くも悪くも集中学習の成果

先ほどの実験結果について、復習はまちがえた問題だけを行い、再テストはすべての問題を行った方が成績が良いのはなぜでしょうか。これには、**集中学習**と**分散学習**という視点がヒントになります。

集中学習とは、テストの直前に、テストに出る内容だけを勉強する方法です。いわゆる一夜漬けも集中学習と言えます。

分散学習とは、テストの期日に関係なく、継続的に勉強する方法です。毎日勉強する必要はありませんが、今まで習ったことを定期的に復習することが分散学習です。

この集中学習と分散学習は、どちらも必要な学習法ですが、学習の成果にはちがいがあります。それはテストを行うタイミングによって異なります。

■集中学習と分散学習のちがい

	直後テスト	遅延テスト
集中学習	良い	悪い
分散学習	やや良い	良い

学習した後、比較的早いタイミングで行うテストを直後テストと言います。学校では単元テストや漢字の小テストがこれにあたります。一方で、学習してからずいぶん時間が経った後、数日後や1週間後、場合によっては1ヶ月以上後で行うテストを遅延テストと言います。

一般的な傾向として、集中学習は直後テストの成績は良く、遅延テストの成績は良くありません。一方、**分散学習は、直後テストこそ集中学習に劣ることがありますが、遅延テストの成績は良いのです。**

つまり、単元テストはみんな満点だったのに、章末テストはさっぱりというのは、集中学習と分散学習を上手く組み合わせていないからなのです。

認知心理学では、この分散学習こそが最強の勉強法と呼ばれるほど、重要な学習方法と考えられています。

それはなぜかというと、復習するタイミングにあります。**復習→忘れる→再復習→忘れる……ということのくり返しが、学習内容をより強化する**からです。

ですから、新しい単元に入っても、前の単元の内容を常に復習することが大切なのです。これは、単元単位だけではなく、学期単位、学年単位でも同様です。**その学年の学習内容だけでなく、前の学年や前々の学年の内容も、定期的に復習することが必要**なのです。

全国学力テストで、直前に過去問を解かせることが賛否両論を呼んでいます。集中学習として、直前に過去問ばかりを解かせているとしたら確かに問題です。

しかし、テストの時期に関係なく、普段から過去問を解かせているとしたら、これは立派な分散学習ということになります。この場合は、長期的な学力の定着が図れるという意味では、むしろ好ましい傾向と言えます。

過去問1つ取っても、「ねらい」次第なのです。

「思考」を反復練習する

反復練習というと、漢字や計算問題をくり返し解くことをイメージする人がほとんどでしょう。しかし、**「考える」ことも、何度も何度もくり返さないと身につきません。**つまり、思考も反復練習が必要なのです。

複合図形の面積・体積を求める場合、１つの例題を45分間という時間をかけて、じっくりと取り組む実践を推奨する人がいます。しかし、これでは圧倒的に練習不足になります。特に算数でつまずきやすい子どもほど練習が必要です。

では、宿題としてたくさんの問題を解かせれば良いのでしょうか。それではうまくいかないでしょう。

特に、算数でつまずいている子どもは、たくさん問題を解かせてもできないことの方が多く、ますます算数が嫌いになってしまいます。

そんなときは、授業で例題を提示して、答えや解き方を考える「プランニング」という練習をしてみましょう。この**「プランニング」という方法は、思い出すという、言わ**

ばアウトプットをうながす思考の反復練習です。

やり方は簡単です。教科書の例題でも計算ドリルの問題でもかまいません。上のような問題を見て答えを順番に声に出して言ってみるのです。百ます計算を読むのと同じ要領です。

ポイントは、**教科書や計算ドリルの問題を空欄のまま声に出して読んでみること**です。音読とはちがい、思い出すこと（アウトプット）がねらいなので、空欄のまま読んでみないと意味がありません。文章題を読んでみて、解き方だけを考えてみるというのも良いでしょう。

■計算ドリルを読む（小４）

1　計算のきまり
□にあてはまる数をかきましょう。
①　2.4＋5.7＝5.7＋□
②　7×45＝□×7
③　(3.5＋4.8)＋5.2＝3.5＋(4.8＋□)
④　(7×4)×5＝7×(4×□)
⑤　13×6＋17×6＝(13＋17)×□
⑤　(40－3)×7＝□×7－□×7

わからない場合は、即、答えを提示してかまいません。その代わり、何回も何回も、そして、何日も何日も取り組むことが大切です。

4年生の計算のきまりは、いろいろなパターンがあって、子どもは混乱してしまいます。なぜ、そうなるのかという概念的な理解や思考も大切ですが、こうして、**まず、例題を何問も解くことを通して、計算のきまりを手続き的知識や技能として身につけてい**

くことの方が大切です。

いずれにしても、基礎基本の定着がねらいであり、難しい問題には向かないので注意しましょう。

公式や解法を「暗唱する」

算数では解き方が思い出せないということは致命的なつまずきになります。**三角形の面積を求められない子は、「底辺×高さ÷2」という公式を思い出せない**のです。

正方形や長方形の面積は縦と横をかけるだけですが、三角形の場合は÷2が必要になります。授業では、この意味を活動を通して理解させること（＝概念理解）が大切だと思われています。確かに、算数ができる子どもにとってはそれでもかまわないかもしれません。しかし、問題は、算数でつまずく子どもです。

どんなに丁寧に授業を行っても、**わかったつもりになるだけで、次の日には÷2の存在など忘れています。**

5年生で学ぶ異分母の加減も、授業でどれだけ丁寧に教えても、次の日には「通分」

という言葉も忘れている子がいるほどです。概念の理解よりも手続き的知識や技能の習得を、まずは優先することが大切です。

そのためには、**公式や解法を思い出す練習をしたほうが、結果として早く子どもに基礎基本が定着します。**

ここでのポイントは、公式や解法を「暗唱する」ことです。

先生「三角形の面積は？」

児童「三角形の面積は　底辺　かける　高さ　わる2」

先生「$\frac{5}{6}+\frac{3}{4}$はどうやって計算しますか？」

児童「分母の6と4の最小公倍数で通分する」

暗唱ですから、何も見ずに答えられるようにすることが大切です。

もちろん、慣れないうちは教科書やノート、板書を見ながら声に出して言ってみるのも良いでしょう。

しかし、見ながら答えているうちは、「覚えた」ということにはなりません。**教科書**

もノートも何も見ない状態で答えが言えて、初めて覚えたことになるのです。

理由は、「思い出す」というプロセスが重要だからです。音読には一定の効果がありますが、見ながら読んでいるので、本当に覚えているかどうかまではわかりません。ですから、音読ではなく、暗唱が大切なのです。

学校では、たった一回の授業で公式を理解してしまう子どももいれば、何回やっても身につかない子どももいます。だからこそ、**こうして公式や解法という基礎基本となる力を全ての子どもに身につけ、まず、全体の底上げをすることが大切**なのです。

解法をみんなで話し合う「プランニング」

文章題や図形の問題など、算数では一人ではなかなか解けない問題があります。そのような**一人で解くのが難しい問題では、ペアやグループで話し合って解決する、いわゆる協同学習が効果を発揮**します。

しかし、協同学習には少し欠点があります。それは、**協同すれば一様に学習効果が得られるわけではない**ということです。子ども一人ひとりの基礎学力も異なれば、学級の様子も異なるからです。

また、そのような課題を克服していても、「何をどう話し合えば良いのか」わからない状態では協同学習をしてもうまくいかないという問題もあります。

そんなときは、みんなで解法を話し合う「プランニング」という方法が効果的です。

例えば、全国学力テストが復活した2007年の算数のB問題に、次の問題があります。東公園と中央公園のどちらが広いかを説明する問題です。

・まず、東公園と中央公園それぞれの面積を求める
・縦と横、底辺と高さが書かれていないので、適切な数値を探す
・説明の型（フォーマット）を使って、説明できるようにする

この問題では、そもそも面積を求めるのに必要な数値が、図形から離れたところに書いてあります。また、面積を求めるのに必要のない数値も書かれています。つまり、数値を探すことから問題が始まっているのです。

算数でつまずく子どもは、まず、この時点でつまずきます。第10章のピア・ラーニングのところでも紹介しますが、**このようなつまずきの解消には、子ども同士の学び合いが効果を発揮する**ことがあります。

肝心の説明をする部分ですが、やはり、子どもだけに任せてしまうと要領を得ない説明が多くなってしまいます。あるいは、いわゆるできる子どもが活動の大半を仕切ってしまい、できない子どもはただそれにしたがっているだけになってしまいます。

かといって、教師が一方的に説明の仕方を教えても、なかなかうまくいきません。

そうならないために、この場合は、

- **東公園の面積は○○です**
- **中央公園の面積は○○です**
- **○○公園の方が○○分だけ広いです**

のような、**比較という説明の型を使うのが**

(3)　ひろしさんの家の近くに東公園があります。
東公園の面積と中央公園の面積では、どちらのほうが広いですか。
答えを書きましょう。また、そのわけを、言葉や式などを使って書きましょう。

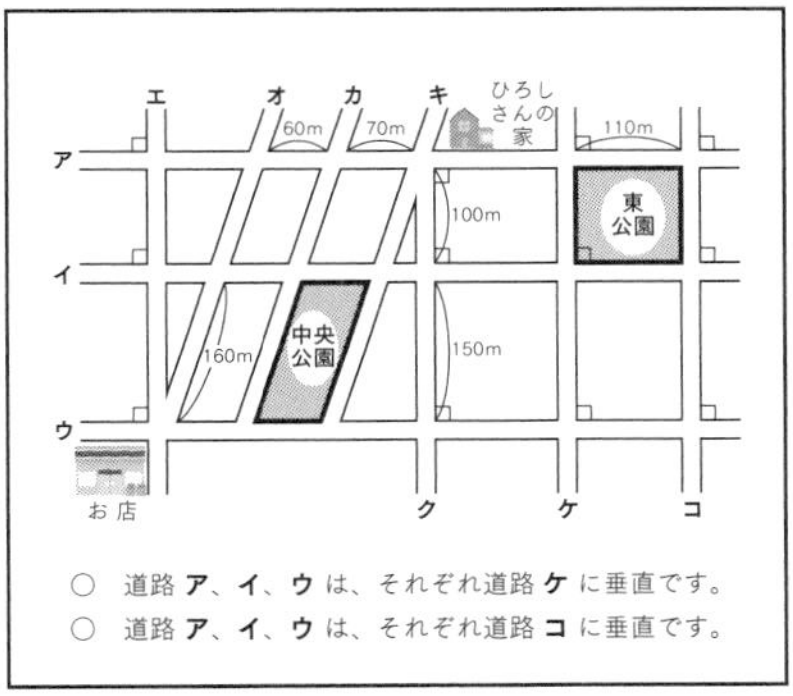

良いでしょう。

もちろん、ポイントさえ押さえていれば、これ以外の説明の仕方でもかまいません。

このような問題は、答えが1つに決まらない問題だからです。

より正確に言うと、**正解は決まっているのですが、その説明の仕方はいろいろある**ということです。

一斉授業か協同学習かは「ねらい」と「手だて」の問題

この問題では、多くの子が中央公園（平行四辺形）の「底辺」と「高さ」すらわからないというつまずきが明らかになりました。**中央公園の面積を、「底辺×斜辺」で求めるという誤答が34.4%も**あったのです。約3人に1人が、平行四辺形の面積を求めるのに「底辺×斜辺」を計算していたのです。

これは教科書の問題では、底辺と高さしか書かれていないので、単純に2つの数値をかければいいと思い込んでいる子が、それだけたくさんいることを示しています。つまり、「高さ」と「斜辺」の区別がついていないのです。

授業では、平行四辺形の求め方に焦点を置きますが、これでは、「高さ」と「斜辺」を同じものだと認識してしまう子どもが出てきてしまいます。ですから、単元が終わっても「高さと斜辺はちがう」ということを復習する必要があります。

つまり、何らかの形で子どもに「高さと斜辺はちがう」ということをフィードバックする必要があるのです。この点については、一斉授業ではそれはなかなか難しいことです。

そんなときこそ、活動を通して子ども同士がお互いにフィードバックし合える協同学習が向いています。もちろん、**大切なことは協同学習という授業形態ではありません。活動を通して、子ども同士にフィードバックが生まれるかどうか**です。子ども一人ひとりの学びが促進されなければ、それは、協同学習とは呼べないからです。

第5章

スモールステップで始める

「できること」から始める

第5章

スモールステップで始める

「できること」から始める

子どものつまずきを目の当たりにすると、正直、どこから手をつけて良いのか途方に暮れてしまうでしょう。そういう私も、九九が言えない子、ひっ算ができない子、きちんとノートを取れない子、そもそも座っていられない子など、実に多様な子どもを目の前にして、悩むことがないわけではありません。

そんなときは、**今、一番必要なことは何かを考えることが大切**です。そのためには、学習者をよく分析し、子どもがどこでつまずいているのかを知る必要があります。

とはいえ、算数でのつまずきの多くは計算と読解です。特に、九九や暗算ができないと、わり算の商がたてられなかったり、倍数や約数が求められなかったりします。だからといって、4年生や5年生に九九からやり直している余裕はありません。

そこで私は、**授業中に百ます計算を読ませる**という方法を紹介しました。基礎基本の定着こそ、授業中に行われるべきと考えるからです。

書籍で紹介されている実践や研究授業を見ていると、実に華やかな実践が並んでいます。しかし、**子どもの様子もちがえば、学校が置かれている状況も異なります。同じ実践が、自分の教室でも成り立つとは限らない**のです。

授業では、あれもこれもよくばらず、まずは、基礎基本の定着を図るべきです。そして、全体の底上げをするのです。そのためには、「できること」からやっていくしかありません。

わり算のひっ算の前にかけ算と暗算

４年生では、わり算のひっ算を教えます。このときに意識したいのが、子どもがどこでつまずいているのかです。

わり算のひっ算を、ただやみくもにやらせても、できない子どもはできないままです。それでも、その単元を終え、教科書を先に進めざるを得ません。そうならないためには、まず、今、何が必要なのかを考えることが大切です。
わり算のひっ算でのつまずきには、

- **ひっ算の手順がわからない（手続きの問題）**
- **商がたてられない（計算力の問題）**

の2つが考えられます。

おそらく、手順以前に商が立てられないというつまずきの方が切実な問題だと思います。ならば、**商をたてられるだけの計算力を底上げする**必要があります。計算力がないと、そもそも商が立てられません。仮に商を立てられたとしても、その後の計算でまちがえてしまい、どんどん計算ミスのスパイラルに陥ってしまいます。

まずは、九九からおさらいすべきです。「84÷28」などの計算が暗算でできないなら、「80÷30」などの計算もおさらいすべきです。

もっとも、「80÷30」のようなわり算は、結局は暗算力がものをいいます。**「何十÷何十」、「何百÷何十」のわり算のプリントを作って、それを授業の中の数分間を使って、**

音読すると良いでしょう。

これは、わり算のひっ算を練習する前に、商をたてる練習だけをしていると言えます。これならスモールステップでできるでしょう。

わり算のひっ算は手順を暗唱する

わり算のひっ算はつまずきの要素が多すぎて、中学生でもできない子がいるほどです。特に、あまりがわる数より大きいことに気がつかず、そのままひっ算を続けるというつまずきが目立ちます。

教科書では、わり算のひっ算の手順として、たてる、かける、ひく、おろすという4つを紹介しています。**わたしはこれに「カクニン」という手順を加えています**（次ページのわり算のひっ算における5つのステップ参照）。

理由は、もうおわかりでしょう。あまりがわる数より大きいことに気がつかず、子どもがひっ算をごり押しするのを防ぐためです。

やり方は簡単です。

■わり算のひっ算における5つのステップ

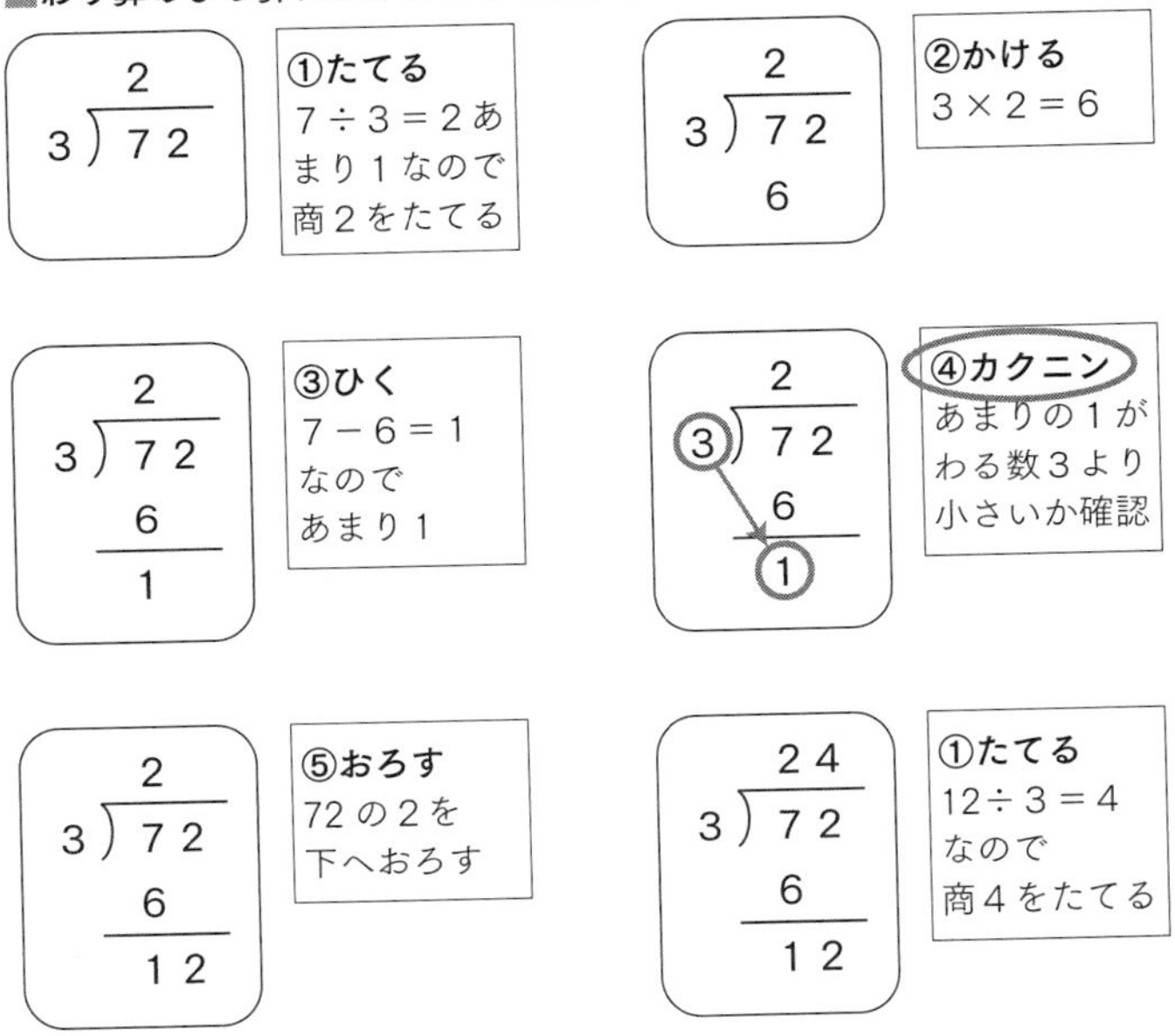

①たてる
7÷3＝2あまり1なので商2をたてる
②かける
3×2＝6
③ひく
7－6＝1なのであまり1
④カクニン
あまりの1がわる数3より小さいか確認
⑤おろす
72の2を下へおろす
①たてる
12÷3＝4なので商4をたてる

まず、①たてる、②かける、③ひく、④カクニン、⑤おろす、の5つのステップを板書します。そして、この手順を復唱し、例題を何問かといていきます。

この「カクニン」という手順を入れないと、手順①たてるの部分で、「7÷3＝1あまり4」と考え、十の位に商1を立てたまま、ひっ算を進めようとする子どもが出てきます。

■よくある誤答

```
      1 1 4
3 ) 7 2
      3
     ---
      4
      3
     ---
    1 2
```

そうなると、一の位に商が立てられないにもかかわらず、「4÷3＝1あまり1」と考え、商1を立てて、さらにひっ算を進めようとします。

もうこうなると、やっている本人は何をやっているかわからなくなってしまいます。そして、目の前の「わり算」を延々とやり続けるのです。

根本的な原因は、九九がすぐに言えないことです。「7÷3」の商がすぐに立てられないことが原因なのです。

教科書を進めなければいけないというプレッシャーはあるでしょう。しかし、百ます計算やわり算の暗算プリントを音読すれば、ひっ算の手続きを教えながら、並行して九九や暗算のような計算力を底上げすることも可能です。あせらずスモールステップで、できることをやっていくことが大切です。

0.1	0.1			0.01	0.01		
0.1	0.1			0.01	0.01		
0.1	0.1	＝	1	0.01	0.01	＝	0.1
0.1	0.1			0.01	0.01		
0.1	0.1			0.01	0.01		

分数や小数の意味を暗唱する

4年生以降の算数で、つまずきが圧倒的に多い理由は、**それまで整数のことを学んできた世界が、一気に小数や分数の世界へと広がるから**です。

小数でも、10個集まれば位が1つ上がるという原理は同じです。「1を10等分した1つ分が0.1」なら、「0.1を10個集めれば1」になるのです。

しかし、この小数のくり上がりは多くの子にとってわかりにくいのが実態です。

そこで解消する方法は2つあります。1つはイメージでとらえやすくする方法です。「0.1が10個集まると1になる」、「0.01が10個集まると0.1になる」ような様子を、図やイラストで提示してあげるのです。

もう1つは、

- **0.1が1こで0.1**
- **0.1が2こで0.2**
- **0.1が3こで0.3**

…

- **0.1が9こで0.9**
- **0.1が10こで1**

と、**くり上がりの原理を暗唱してみる**のです。

学校の勉強は、どうしても最終的には言語化や数式化が必要になります。そのためのスモールステップとして、音読する方法があります。

音読が必要な理由は、声に出して言えないものは覚えられないからです。ですから、音読に慣れてきたところで、何度も言ってみたり（復唱）、何も見ずに言ってみたり（暗唱）すると良いでしょう。

分数も同様で、「$\frac{1}{10}$は1を10等分した1つ分」で、逆に、「$\frac{1}{10}$は10個集まると1になる」ということを、図示したり音読したりして、理解をうながすことが大切です。

単位の変換は順と逆で練習する

4年生以降、単位の変換でのつまずきが多くなります。算数が苦手な子どもは、まず、「1㎡＝10000㎠」という変換ができません。長さと同じように、「1㎡＝100㎠」と言う子どももいるほどです。教師や周りの子どもが「その答えちがうな！」という反応をしていると、あわてて「1㎡＝1000㎠」と答えることもあります。1㎡が何㎠なのか、確実に答えられないと、面積の単位の変換はできないのです。

ですから、まず、「1㎡＝10000㎠」ということが確実に覚えられるように、**「1㎡＝100㎝×100㎝＝10000㎠」と音読する**ようにしましょう。

ポイントは、「1m＝100㎝」なので、「1㎡＝100㎝×100㎝」と面積の単位の意味も音読することです。これは第3章でも紹介した精緻化です。「1㎡＝1m×1m＝100㎝×100㎝だから10000㎠」と、根拠を明らかにすることで理解を深める効果があります。

「4㎡は何㎠か」を求める問題は、「1㎡＝10000㎠」なので、2㎡なら2倍の20000㎠、3㎡なら3倍の30000㎠と、**比の概念を応用すれば問題なく解くことができます。**

また、「0.1㎡は何㎠か」の場合も同様です。0.1㎡は、1㎡を10等分した1つ分なので10000㎠を10等分した1つ分の1000㎠になります。

このように、㎡から㎠のように大きい単位から小さい単位への変換はそれほど難しくありません。

問題は、**「400㎠は何㎡か」というような小さい単位から大きい単位への変換です。このような場合、板書を工夫する**必要があります。

それは、「10000㎠＝1㎡」と左右を逆にして板書するのです。次の第6章とも関係しますが、小さい単位から大きい単位への変換は、ワーキングメモリーに負担がかかります。ですから、小さい単位→大き

▩単位の変換の板書例（小４）

１㎡＝１００００㎠
0.1㎡＝　１０００㎠

左右を逆に板書
１００００㎠＝１㎡
１０００㎠＝０.１㎡
１００㎠＝０.０１㎡

い単位と逆の書き方で表しておくことが重要です。

あとは、先ほどと同様に、1000cm²を10等分した1つ分が1000cm²なので、「1000cm²＝0.1m²」と板書していきます。

こうして、「400cm²は何m²か」を求める問題では、いったん「100cm²は何m²か」を求めてから考えればそれほど難しくありません。

スモールステップの落とし穴

スモールステップの原則で、簡単なことから少しずつ学ぶことは重要なことです。しかし、スモールステップの原則も万能ではありません。

小数のたし算ひき算でもっとも多いつまずきは、「4.72＋1.5」のような計算です。これを4.87と計算する子どもが非常に多いのです。

算数が苦手な子ほど、数式という抽象的な概念を、見た目だけで判断する傾向があります。**簡単に言ってしまえば、「1.2＋3」も「12＋3」も同じ式に見えているのです。**

これは小数の概念の問題というよりも、小数のたし算ひき算という計算の手続きに関す

■小数の計算で多い誤答

■小３
1.2＋３＝1.5
４－1.8＝3.2

■小４
4.72＋1.5＝4.87
６－1.36＝5.36

る認知（見え方）の問題です。

学校では、子どもが小数のたし算ひき算の概念を理解できるように、容器に入れた水の量（かさ）を扱うなど、いろいろな取り組みがなされています。しかし、**子どもがつまずくのは、そのような具体物を扱うところではなく、むしろ、「1.2＋３」や「４－1.8」といった抽象的な数式を扱うところ**なのです。

３年生では、「1.2＋0.3」のような、小数第１位までで、しかもけた数が同じ小数のたし算ひき算を扱います。そうすると、多くの子どもが整数の計算と同じ感覚で見た目の数字をそのまま計算してしまうのです。ところが、４年生になると、けた数がちがう問題が増えるので、そこでつまずきが発覚するのです。

これはスモールステップで教えるときには避けられない問題です。**けた数の少ない簡単な問題を解いているために、かえって計算の手続きの理解を妨げてしまう**のです。

この問題を解決する方法は、反復練習を必要とする計算問題に、「4.72＋1.5」のようなまちがえやすい問題を少し混ぜておくことです。

フレームワークを使って解き方を説明する

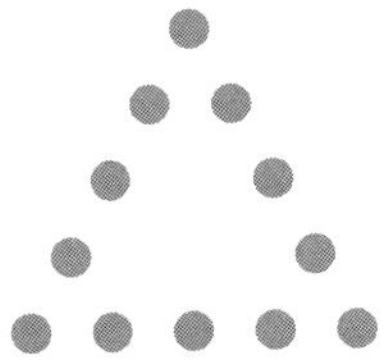

（５－１）×３

■よくない説明
「三角形の一辺に●が５つならんでいて、三角形は角が３つあって、となりの辺と重なっていて２回数えた●をひいて、それで、三角形は辺が３つあるので、３倍して求めました」

近年、非連続型テキストと呼ばれる図や表を読み取り、それを説明する力が問われています。ところが、これも**やみくもに子どもに説明させても、説明する力がつくわけではありません。**実際、子どもに、ただ説明させてみると、

「〜が〜していて、〜があって、〜して、それで、〜があるので、……」

といった、要領を得ない説明がほとんどです。

学校の先生の中にはこれを「子どもが一生懸命説明した」と評価する人もいるようです。しか

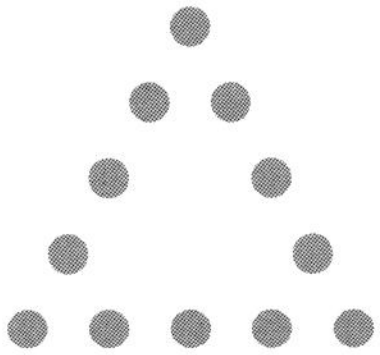

（5－1）×3

5　→　一辺の●の数
1　→　2回数えた頂点の●の数
3　→　3つ分（辺の数）

■良い説明
「一辺の●の数から2回数えた頂点の●の数をひいて、その3つ分と考えた」

し、このような要領を得ない説明で、説明する側もされる側も本当にわかっているのでしょうか。**説明はできるだけ簡潔でしかも具体的であること**が重要です。そのような説明する力を育まなければなりません。

実は、説明には型があり、その型にそって説明すると簡単にできるようになるのです。

5年生で扱う式と計算では、

- **5……一辺の●の数**
- **1……2回数えた頂点の●の数**
- **3……3つ分（辺の数）**

と、まず、一つひとつの数字が何を表しているのかを簡潔に押さえます。

あとは、ひくやかけるなどの関係性を、**ひくの場合は「〜から…をひく」**と、**かけるの場合は「〜の…倍」や「〜の…個分」**と、これも説明の型にあわせて表現するようにします。

そうすると、

「一辺の●の数から2回数えた頂点の●の数をひいて、その3つ分と考えた」

と、すっきりした説明文をつくることができます。

子どもに自由に説明させれば、説明する力が身につくということはありません。**説明するのにも、やはり基礎となる力や基本となる考え方がある**のです。

その1つが説明の型と言えるでしょう。説明する力の基礎基本となることを、一つひとつスモールステップで教えることが大切なのです。

第6章

ワーキングメモリーを節約する

ややこしくてわからないを防ぐ

第6章 ワーキングメモリーを節約する

算数で必要な「ワーキングメモリー」

ワーキングメモリーは、例えば、**暗算のような情報の操作を行う短期記憶の1つ**です。作業記憶とも呼ばれ、短期記憶の中でも高度な認知的活動です。

机の上で作業をする場面を想像してみてください。いろいろ散らかった机の上で作業するのと、余計なものがなくて広くて整然とした机の上で作業するのとでは、どちらがはかどるでしょうか。当然、後者の方でしょう。

算数・数学では、このワーキングメモリーを上手に使うことが非常に重要です。ワーキングメモリーは、練習すればその容量は増えますが、一方で、頼りすぎてしまうと混乱したり計算ミスにつながったりします。ポイントは、**ワーキングメモリーを節約しながら上手に活用すること**です。

■かける数が１けたのひっ算と暗算

ひっ算	$\begin{array}{r} 2\,4 \\ \times\quad 4 \\ \hline {}^{1}6 \end{array}$	$\begin{array}{r} 2\,4 \\ \times\quad 4 \\ \hline 9\,{}^{1}6 \end{array}$
暗算	$24 \times 4 = {}^{1}6$	$24 \times 4 = 9{}^{1}6$

算数・数学でつまずく子どもは、ほとんどが「暗算が苦手」です。というよりも、そもそも暗算をしたがりません。問題は、それがつまずきの大きな原因となっていることです。

実は、かける数わる数が1けたのかけ算わり算は、ひっ算でも暗算でもやっていることは全く同じです。例えば、「24×4」ならば、「4×4＝16」の十の位の1を少し小さめに書いておいて、「20×4＝80」の8とあわせて十の位に9と書きます。**ひっ算ではこれを縦に書いて、暗算なら横に書く（あるいは式自体を書かない）というちがい**しかありません。

やっていることは全く同じなのに、子どもはなかなか暗算でやろうとしません。その理由は、ワーキングメモリーを消耗するからです。だから、**子どもはなかなか暗算をやりたがらないのです。**これを**方略へのコスト**と呼んでいます。

さらに、これは、マインドセットの観点からも問題です。実際に、暗算ができるとかできないに関わらず、できないことをやってみようと思わないことが問題です。

また、算数・数学が苦手な子は、暗算でやった方が良い場面で暗算をせずに、暗算でやってはいけない場面で暗算でやってしまうというちぐはぐさもあります。

そして、何よりも、多くの子どもが**計算ミスをしてもそれに気がつかないのは、その計算があっているかどうか暗算で再計算することができない**からです。

暗算はワーキングメモリーを鍛える練習

暗算をすることで、ワーキングメモリーを鍛えることができるのも特徴です。算数が得意不得意に関わりなく、**たし算ひき算やかける数わる数が1けたのかけ算わり算は、暗算でできるようにしてあげる**ことが大切です。

ただし、まちがってもドリルやプリントで、子どもにやらせるというスタンスではいけません。暗算は練習すればだれでもできること、暗算ができるといろいろメリットがあることを、子どもが体感できることが大切です。

私の場合は、「12×５」や「120÷30」などの計算をプリントにして、それを授業中に読ませるようにしています。インドでは、「20×20」までのかけ算を暗算できるように教えているほどです。

２けた×１けたのかけ算が暗算でできると、わり算のひっ算で商を立てるときに無駄なワーキングメモリーを使う必要がなくなります。その分、ひっ算の手順のような他のことに注意が向けられるのです。

学校の先生の中には、このような知識や技能を教えることにためらいを感じる人もいるようです。極端な話、詰め込みだと批判する人もいます。しかし、基礎基本となる力がしっかりと身についていないと、それ以上の力を発揮することはできません。これは算数に限らず、国語や社会科でも同じです。**基礎基本となる力を身につくまで見届けることが指導であり、実際に学習者に身につくのが学習**で

暗算でやろうプリントの例

１２×２	１３×２	１４×２
１２×３	１３×３	１４×３
１２×４	１３×４	１４×４
１２×５	１３×５	１４×５
１２×６	１３×６	１４×６

す。

言えないものは覚えられない

4年生で扱う大きな数（億や兆）では、多くの子どもがつまずきます。その原因は、**大きな数を声に出して言えない**ことです。ワーキングメモリーは、早ければ数秒で消えてしまう記憶です。ですから、短期記憶の情報を長い期間、維持するためには、「口ずさむ」という方法をとる必要があります。

かつては、日常場面で子ども同士や大人に囲まれた環境のもとで、多くの子どもが、「いち、じゅう、ひゃく、せん、まん、じゅうまん、ひゃくまん……」と、声に出して言ってみるという機会がありました。このように声に出して言ってみるという経験を積み重ねることで、ワーキングメモリーが鍛えられ、大きな数でつまずくことなく習得することが可能だったのです。

しかし、現在では日常生活や遊びの場面で、そのような機会が少なくなっているように思えます。これが今の子どもにとって、学びの格差となっている可能性は否定できません。

だからこそ、学校の授業では根本的なところから学びをとらえ直す必要があります。大きな数はその最たる例でしょう。

ただでさえ、1億を超える大きな数では、

・4けたずつ、兆↓億↓万といろいろ単位が変わる

・1兆625億や3501億などの「とび」の数が増える

など、つまずきやすいポイントが多くなります。これに加え、読めないことでワーキングメモリーをさらに消耗します。

大きな数では、そのしくみを押さえることももちろん大切ですが、**まず読めないことを解決することが大切**です。

九億三千五百一万七千五百（935017500）

↓きゅうおくさんぜんごひゃくいちまんななせんごひゃく

1062532804000

↓いっちょうろっぴゃくにじゅうごおくさんぜんにひゃくはちじゅうまんよんせん

このような漢字や数字で書かれた大きな数をまずは読んでみる。「万↓億↓兆…」と数の単位を暗唱してみるのです。余計にワーキングメモリーを消耗しないためにも、まず読めるように音読したり暗唱したりすることが大切なのです。

単位（㎠や㎡）を音読する

言えないものは覚えられないという点では、面積や体積の単位にもあてはまります。多くの子どもが、㎠（平方センチメートル）を「へいほうめーとる」や「せんちへいほうめーとる」と読んでしまい、うまく声に出して言えないのです。

このように**読めないうちは、概念の理解には到底たどり着けません**。理由は、ワーキングメモリーを無駄に消費してしまうからです。

そこで、㎡や㎠といった概念の理解よりも、まず、声に出して言う（音読する）ことで、このつまずきを解消する必要があります。

このとき、スモールステップを意識することが大切です。いきなり、「１㎡＝１０００００㎠」と音読するのではなく、**まずは「へいほうめーとる」だけを数回、復唱**します。次に、目をつぶって暗唱します。同様に、㎠についても復唱・暗唱します。

それができるようになったら、いよいよ、「１㎡＝１００００㎠」と音読します。何度も練習して言えるようになったら、今度は、教師が**「１㎡は何㎠ですか」と発問し、子どもが「１００００㎠」とQ&A方式で答える**ようにします。

さらに、精緻化のところでも紹介しましたが、「１㎡＝１００㎝×１００㎝＝１００００㎠」と意味まで音読するようにします。そして、慣れてきたところで、「２㎡は何㎠ですか」と口頭で問題を出してみます。「10㎡は何㎠ですか」や「0.1㎡は何㎠ですか」など、変化をつけるのも良いでしょう。

■単位の音読例

1 m＝100㎝

1 ㎞＝1000m

1 L＝10㎗

1 L＝1000㎖

1 ㎡＝100㎝×100㎝＝10000㎠

1 a＝10m×10m＝100㎡

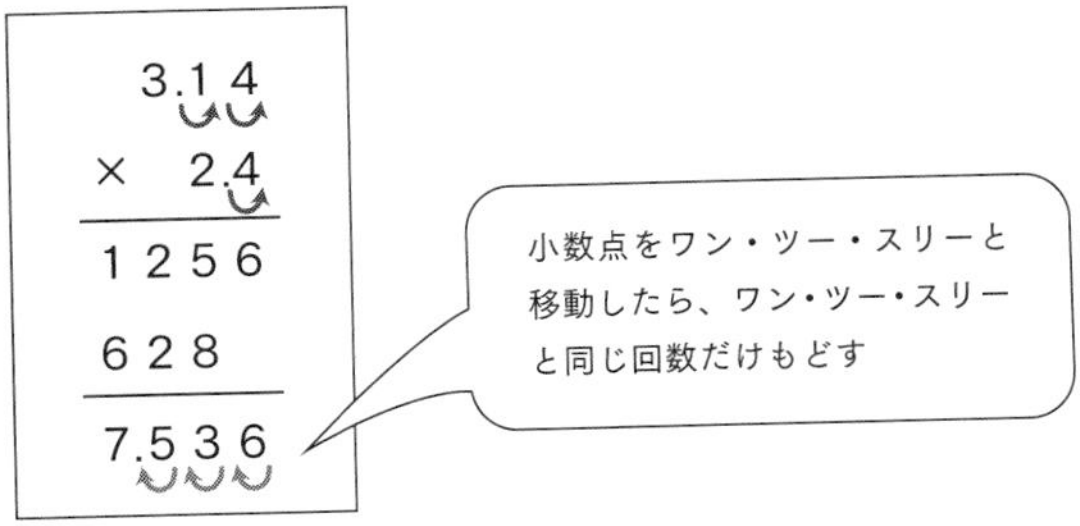
3.14
× 2.4
1256
628
7.536
小数点をワン・ツー・スリーと
移動したら、ワン・ツー・スリー
と同じ回数だけもどす

小数点の移動は矢印を書いておく

5年生で扱う小数のかけ算わり算では、小数点の移動がポイントになります。4年生のときとちがって、小数点をただ書いておけば良いわけではありません。「3.14×2.4＝75.36」のようなまちがい（正解は7．536）が圧倒的に増えます。

　これは、小数点の「個数」にまどわされているからです。3．14という小数第2位までの数が使われているので、答えも小数第2位までの数になるように小数点をつけているのです。**これは、小数のかけ算のしくみという概念の問題よりも、計算の手続きの問題**です。

　まず、3．14を100倍して314と考えるために小数点を2回移動します。次に、かける数の2.4を10倍して24

▒正しい計算

$$6 \div 1.2 = 60 \div 12$$
$$= 5$$

▒よくあるまちがい

$$6 \div 1.2 = 6 \div 12$$
$$= 0.5$$

と考えるために小数点を1回移動します。あわせて小数点を3回移動しているので、「314×24＝7536」の小数点を3回もどさなければいけません。

ワーキングメモリーは早ければ数秒で消えてしまう記憶なので、**多くの子どもがかけ算をしている間に小数点のことは忘れてしまう**のです。それで、移動した回数ではなく、小数点の数だけ小数点をもどす子が後を絶たないのです。

これを防ぐためには、**小数点の移動を矢印で書いておく**と良いでしょう。「ワン、ツー、スリー」と3回移動したら3回もどすのです。

この小数点を移動するやり方は、むしろ、小数のわり算でこそ効果を発揮します。わる数が小数の場合、整数になるまで小数点を移動しますが、同時にわられる数も同じ回数だけ移動しなければなりません。わり算の性質上、これはゆるぎないルールです。「6÷1.2」のようにわられる数が整数の場合、1.2の小数点の移動に注意が向くあまり、わられる数6の小数点の移動を忘れてしまうのです。

わる数もわられる数も同じ回数だけ小数点を移動するという注意点を忘れないためにも、**子ども自身が矢印を使って小数点の移動を書いて視覚化することが大切**なのです。

公式や解法を「音読」する

第4章（アウトプットを意識する）でも紹介しましたが、公式や解法を「思い出せる」ことが、つまずきの解消には必要です。しかし、その前に、公式や解法が「言えない」ことには話になりません。そこで、**まずは公式や解法を音読してみる**と良いでしょう。

底辺のことを「そこへん」と言う子どもがいるくらい、算数が苦手な子どもにとっては読み書きレベルでつまずきが起こっています。単位が読めないことと同様、**公式にある用語が読めなかったり、用語の意味がわからなかったりする**のです。

5年生の円周の長さや6年生の円の面積では、ただでさえややこしい公式を学びます。しかし、公式以前に、多くの子どもが「円周」とは円の周り、「直径」は円のさしわたし、「半径」は直径の半分の長さであることを理解していません。直径、半径とくれば、半径は直径の半分だろうという推論さえも働いていないのです。

根本的には読解力の問題ですが、まずは読んで、その意味を理解できるようにしなければいけません。そのための音読なのです。

公式の暗記には賛否両論があるのは確かです。しかし、計算力をつけたり公式を覚えたりすることは、ほとんどの子どもが習得できる基礎基本です。それをさしおいて、すべての子どもが習得するのが難しい「公式を導く」という概念の理解に授業の焦点をおいてしまえば、多くの子どもにとって、基礎基本の習得がおろそかになるのは当たり前です。

もちろん、公式を導くような高度な思考力が必要ないと言っているわけではありません。**まずは、基礎基本である計算や公式を、可能な限りすべての子どもに習得させて、全体の底上げを図るべき**と言いたいのです。

分数のわり算は分母同士で約分する？

6年生では分数のかけ算わり算を教えます。分数のかけ算は、分母同士、分子同士をかければ良いのですが、分数のわり算では、逆数をかけなければいけません。次の問題

■分数と小数の混じったかけ算わり算の解き方

$$\frac{1}{6} \div \frac{5}{3} \times 1.2$$

分数と小数の混じったかけ算・わり算の計算では、必ず途中の計算式を書かせるようにする。

（途中の式を書かない子どもの解き方）

$$\frac{1}{\cancel{6}_{2}} \div \frac{\boxed{5}}{\cancel{3}_{1}} \times 1.2^{12}_{\boxed{10}}$$

（分数のかけ算で表してから計算する）

$$\frac{1}{6} \times \frac{3}{5} \times \frac{12}{10}$$

のように、分数のかけ算わり算に、小数が混じっていると計算はさらに複雑になります。

このような問題では、**途中の計算式を書かずに解くと、ほぼ確実に計算ミスにつながります。**途中の計算式を書かない子どもの解き方を見ていると、器用にも？分数のわり算のまま（分母同士で）、6と3を約分しているのです。

確かに、分数のわり算は逆数とのかけ算になるので、「$\frac{1}{6} \div \frac{5}{3}$」の部分は「$\frac{1}{6} \times \frac{3}{5}$」となります。結果として、分母の6と3を3で約分しても計算自体はまちがっていないことになります。

しかし、問題はそこではありません。つづく「×1.2」の部分をいったん分数に直して計算すると、分子の5と分母の10が約分できるかのように見えてしまいます。本来、5は分母にならなければならない数なのに、途中の式を書かないと10と5が約分できるように見えてしまうのです。そして、実際、約分をまちがえる子が後を絶たないのです。

これは、わり算の部分は分母同士で約分して、1.2を分数に直して計算している間に、$\frac{3}{5}$の部分をひっくりかえして計算していることを忘れてしまうからです。つまり、**過剰にワーキングメモリーに頼ってしまった結果**なのです。

このような計算ミスを防ぐためには、やはり、途中の計算式を書くこと（＝いったんかけ算の式で表すこと）が必要です。

そうすれば、「$\div\frac{3}{5}$の部分は分母と分子がひっくり返っているから」ということに無駄に注意をはらう必要がなくなります。こうして、分数のかけ算だけに集中することができ、計算ミスを防ぐことができるのです。

図に必要な数字を書きこむ

第1章で、凹字型の立体の体積を求めるのに、ディスカッション型の授業が有効でないという例を紹介しました。

■複合図形の求め方の途中式の例

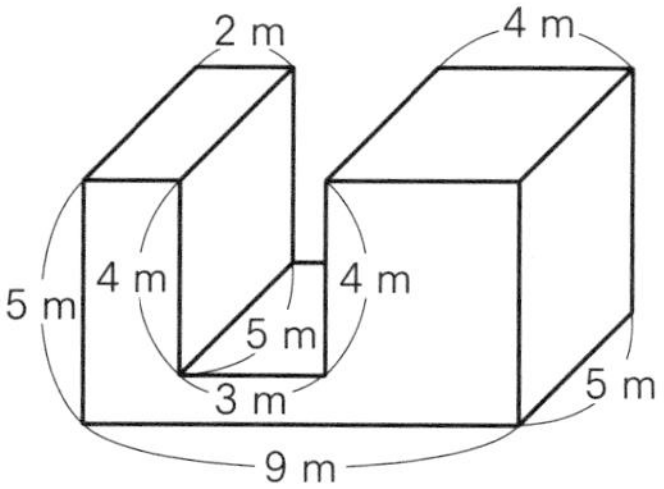

全体－部分

＝５×９×５－５×３×４

＝45×５－15×４

＝225－60

＝165

165㎥

この問題は、ひいて求めるか、わけて求めるかという議論をするまでもなく、ひいて求める方が良いに決まっています。

それよりも問題なのは、**このような問題で多くの子どもが凹んだ部分の体積を求めることが困難**だということです。

ぱっと見た感じで、凹んだ部分を立方体と思いこんで、「４×４×４＝64」としてしまう子もいます。

このようなまちがいをする理由の１つに、ワーキングメモリーの問題があります。答えを求めようと意識をそちらへ向けるあまり、凹んだ部分の立体の縦、横、高さの確認がおろそかになってしまうのです。

このような場合は、**図に縦と横の長さを書きこませる**と良いでしょう。凹んだ部分の横の長さは、９から２と４をひいて３ｍ、縦の長さは５ｍになります（高さと混同して４ｍと答える子どもが多い）。

立体の場合は、必要な数値がすぐ近くにない場合があり、図の中から探してくる必要があります。これらの作業だけでもずいぶん複雑です。

こうして見てみると、特に体積の場合、ひく、わける以前の問題として、**個々の部分の計算だけでも、過剰にワーキングメモリーを使っている**ことがわかります。だからこそ、図に必要な数値を書きこむ（メモする）ことで、ワーキングメモリーの浪費を防ぐ必要があるのです。

もっと言えば、全体から凹んだ部分をひくことを忘れてしまう子どももいます。全体を２２５㎥、凹んだ部分を60㎥と、それぞれ正しく求められたとしても、「225＋60＝285㎥」としてしまう子もいるほどです。途中の式を書かないと思わぬところで計算ミスをしてしまうのです。

このようなまちがいが起こる原因にも、ワーキングメモリーが関係しているのです。

第７章

視覚化して
イメージでとらえる

読んでもわからないことは見てわかるようにする

第7章

視覚化してイメージでとらえる

算数は視覚化しないとわからない？

近年、授業のユニバーサルデザイン（UD）が注目を集めています。板書や教材の表現をより平易にする工夫は確かに必要です。

しかし、板書や教材の表現を平易にするだけでは、子どもの理解力を高めることにはつながりません。最終的には、**自分で解く力（読解力や学習方略）が子どもに身につかなければ意味がない**からです。

一般的には、算数や数学が難しいとされる一番の要因は、具体と抽象の行き来が上手くできないからです。「●＝1」や「●●＝2」のような具体的なものを数字や記号といった抽象的に表す抽象化や、逆に、抽象化された数字や記号から具体的にイメージする具体化が難しいのです。

ならば、**具体的に視覚化してイメージできるようにすることは対策の1つとして確かに有効**です。これは、概念（抽象）の理解をイメージでとらえる（具体）と言い換えることもできます。

ある先生が、「$\frac{1}{3}-\frac{1}{4}$」という計算を、分数のひき算という概念を教えずに宿題に出したことがあります。宿題といっても、こういう問題もあるから、余裕がある人は考えてみましょうというレベルのものです。その宿題のことをずっと考えていたある子どもが、ある日、障子を見て「はっ」と答えがひらめいたのです。ちょうど、たて3列、横4段に仕切られた障子をみて（次頁のイラスト参照）、

「$\frac{1}{3}$とは、全体を3等分した1つ分（縦4マス）」

「$\frac{1}{4}$は、全体を4等分した1つ分（横3マス）」

「$\frac{1}{3}$から$\frac{1}{4}$をひくと言うことは、4マスから3マスをひけば良い！」

と、正解を導くことができたのです。

もちろん、これを学校の授業でやりましょうという意味ではありません。

■$\frac{1}{3}-\frac{1}{4}$の計算を視覚化して考える

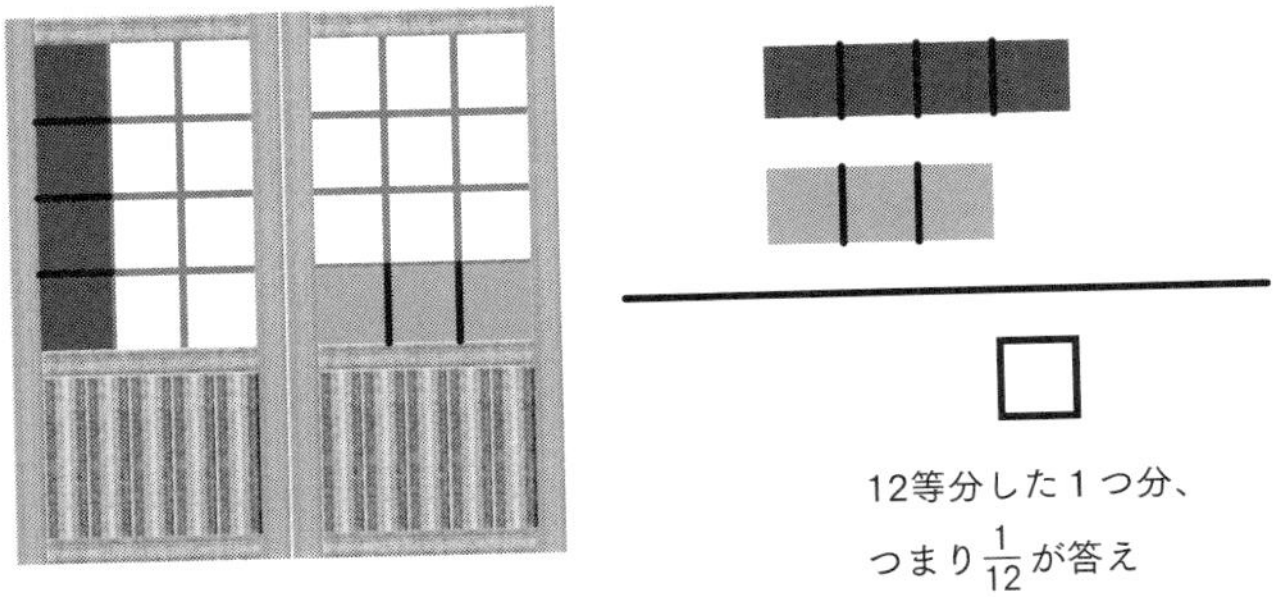
12等分した1つ分、
つまり$\frac{1}{12}$が答え

多くの子どもにとって分数が難しいのは、4より3の方が小さいはずなのに、$\frac{1}{4}$より$\frac{1}{3}$の方が大きいからです。**見た目の数値にとらわれるあまり、イメージすることが難しい**のです。

それを克服しようと、授業でもあれこれ具体物を使いながら授業で悪戦苦闘している先生が多いと思います。

しかし、特に4年生以降での算数のつまずきの大半は、具体を抽象化できないこと、あるいは、抽象を具体化できないことだけでなく、抽象を抽象でとらえることができないことです。ここでの**抽象を抽象でとらえられないとは、分数の計算の手続きを覚えられない**ということです。

必要に応じて視覚化することは大切ですが、視覚化しなくても抽象的なまま理解することも、ときに大切なのです。

つまり、**概念理解は概念理解、計算手続きは計算手続きと、実は、割り切った方がうまくいく**ことが多いのです。

手続き的知識・技能の習得と概念的理解は別

算数の教科書によると、面積図を使って分数の加減や乗除の理解をうながしているようです。しかし、現実はそううまくはいきません。なぜなのでしょうか。

面積図を使って通分の仕方を考えることは、概念的理解に関わる学習です。一方、通分をして実際に分数の加減ができるのは、手続き的知識・技能に関わる学習です。

確かに、分数の計算という抽象的な活動をしながらも、面積図などを使ってイメージと結びつける工夫は必要です。しかし、**面積図を使ったからといって、計算ができるようになるわけではない**のです。

大切なことは、**今、授業でねらいとしなければいけないことは何なのかを、まずは、はっきりさせること**です。そして、そのねらいに合わせた手だてを授業で取り入れるこ

■学習成果の５分類（分数の加減）

学習成果	内容の例
運動技能	分数や分数の加減を表す面積図をかくことができる
言語情報	分母と分子が表している数がわかる
知的技能	面積図を使って通分の仕方を考えることができる
認知的方略	通分をして分数の加減をすることができる
態度	分数の加減の意味や求め方を考えようとすることができる

R.M.ガニェほか著　鈴木克明ほか監訳「インストラクショナルデザインの原理」（北大路書房）を参考に作成

とです。

分数の計算力を身につける方が先だと思えば、授業ではそのような練習を重点的に行うべきです。

そして、ある程度の計算力が身についたところで、面積図にもどって、通分の意味という概念の理解をねらいとした授業をするという方法もあります。

つまり、**必ずしも概念理解が先で、手続き的知識・技能の習得が後という必要はない**のです。このように、必要に応じて面積図を使うという視覚化は必要ですが、視覚化したからといって必ずしも概念理解や手続き的技能が身につくわけではありません。

視覚化に固執することが、概念理解はもちろん、かえって手続き的知識・技能の習得まで妨げてしまう可能性もあるのです。算数を教えるときは、このバランスをとるのが非常に難しいと思います。

マジカルナンバーを意識して視覚化する

1と9、2と8、3と7のように、あわせて10になる数の組合せを補数と言います。この補数という概念が算数、特にくり上がりやくり下がりのあるたし算ひき算で重要です。しかし、ここで紹介したいのはその重要性ではありません。**補数を表すときに、5つをひと組にするのはなぜか**ということです。

これはマジカルナンバーといって、人は7つを超えたあたりから、数を一度に把握するのが難しくなるからです。2個や3個は瞬時に見分けられても、7個か8個かを瞬時に見分けるのは難しいのです。最近の研究では、このマジカルナンバーは7±2ではなく、「4」程度という可能性

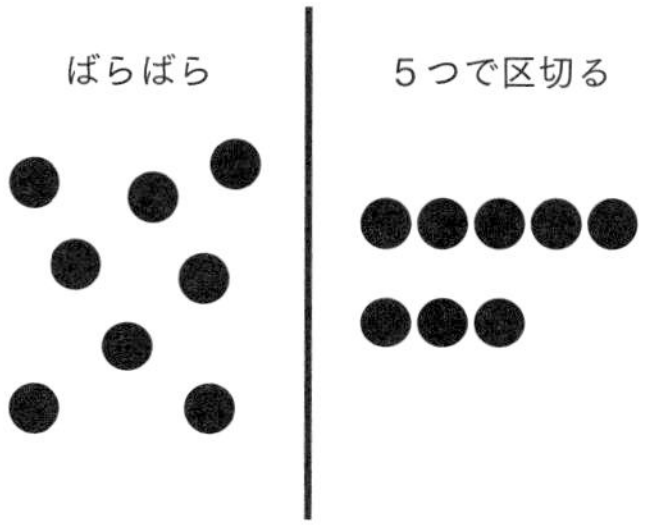

が高いことがわかっています。

だから、補数を表すときに、あえて5つで区切って、7を5と2、8を5と3と表すことが多いのです。

余談ですが、みなさんは何かを数えるときどうやって数えるでしょうか。2つずつペアをつくって数える方法が一般的です。しかし、これだと8つ数えたのか10数えたのかわからなくなることがあります。だから「にい、しい、ろく、やー、とお」と声に出して数えるのが賢い数え方なのです。

実は、「にい、さん、にい、さん」と5になる組み合わせを2セット数えて、10を数える方法があります。これは銀行に勤めていた人に聞いた数え方です。これだと、2、3、2、3と四回数えるだけで10がつくれます。この数え方は、ワーキングメモリーの性質をよく考えた数え方と言えるでしょう。

さて、大切なことはこれを授業づくりや教材づくりに活かすことです。このマジカルナンバーを意識すれば、**一度に何個も覚えさせるよりも、まずは、5個程度に抑える方が効果的**だということがわかるからです。

漢字の小テストといえば10問が定番ですが、これを5問にしたら子どもが意欲的に取り組むようになったという例もあります。
円周率も、いきなり何けたも覚えるよりも、

3.14　1592　6535　8979　3238　4626　4338……

と、４けたずつに区切ると覚えやすくなります。
このような**ワーキングメモリーの性質を熟知していると、視覚化するときのポイントがわかる**のです。このような予測に基づいて、授業づくりや教材づくりをすることが大切ではないでしょうか。

「倍」はわり算のイメージか？

2年生でかけ算（九九）を学びます。「2×3」なら2の3倍（あるいは、２の３つ分）と考えます。基本的には、かけ算は何倍と考えれば良いでしょう。

ところが、高学年になるとこの考え方が揺らいでしまう子どもが多くなります。「～

の〇倍は」が何算になるか聞いてみると、「わり算」と答える子どもが多くなるのです。

これは、かけ算を学んだ後、3年生、4年生でわり算を学ぶせいで起こる現象です。**「逆向干渉」と言って、ある内容を学習した後に、別の内容を学習することで、以前に学習した内容の理解が阻害される**ことを指します。

3年生のわり算の文章題を学ぶまでは、「4の3倍は12」というように、ほとんどの子どもが「〜倍」はかけ算と理解しています。しかし、4年生以降、「12は4の何倍か」といった**わり算を学んだ後では、「〜倍」と「何倍か」を混同してしまい、単純に「倍」といえばわり算だと思いこんでしまう**のです。

つまり、

- **4の3倍はいくつか**
- **12は4の何倍か**

を明確に区別していないのです。

もちろんこれくらい簡単な数ではそのようなことはないのですが、4年生以降、小数や分数を学ぶにつれて、「倍」がわり算だと思ってしまう子どもは次第に増えていきます。

そうなると、

- **$\frac{4}{7}$の$\frac{3}{5}$倍はいくつか**
- **$\frac{4}{7}$は$\frac{3}{5}$の何倍か**

といったような、6年生で学ぶ分数のかけ算やわり算で、かけるのかわるのかがわからなくなるのです。

関係図はただかけば良いわけではない

かけ算かわり算かを考えるときに、関係図を使って教えるとわかりやすいと思っている先生は多いと思います。しかし、関係図で表したから「わかった」というのは早計です。

■何倍でしょう（小４）

コップと水とうとやかんがあります。水とうには、コップの３倍の水が入ります。やかんには水とうの２倍の水が入ります。やかんに30dLの水が入っているとき、コップには何dLの水が入るでしょう。

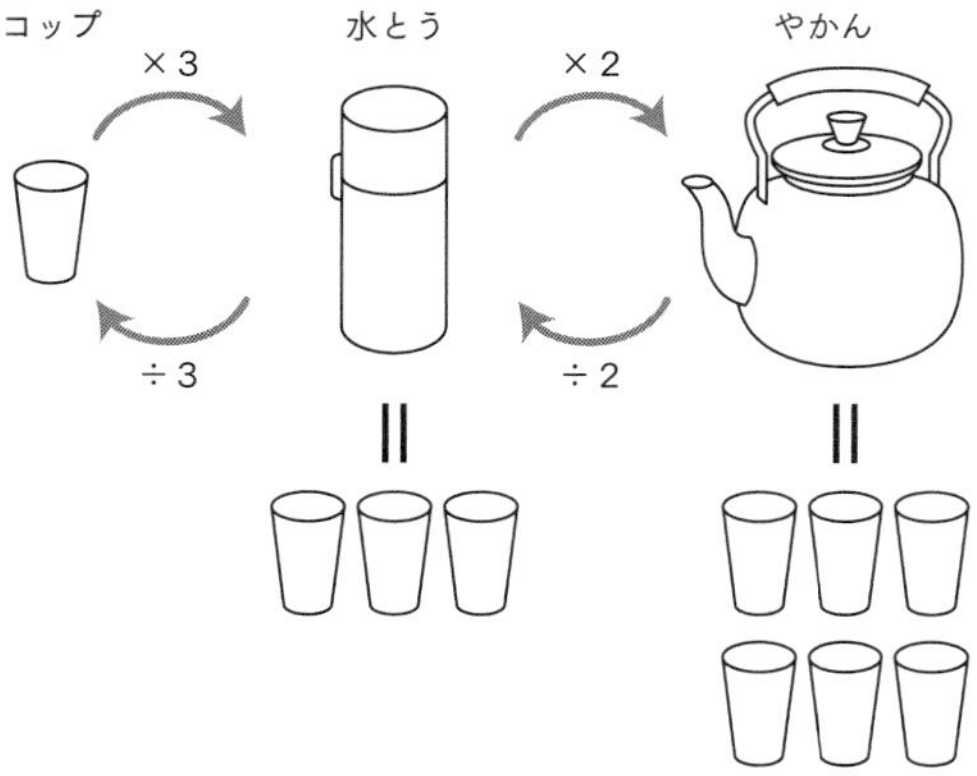

４年生の何倍でしょうという単元では、次のような問題を扱います。

このような問題で、関係図を使って教えると、確かにわかりやすい授業にはなるかも知れません。しかし、それは裏を返すと、関係図がかいてあるからわかるのかもしれません。

教科書に関係図がかいてあったり、問題を解くたびに、教師が関係図をかいてしまったりすると、子どもはただの穴埋め式で解くだけになってしまいます。

▒コップをもとにした関係図

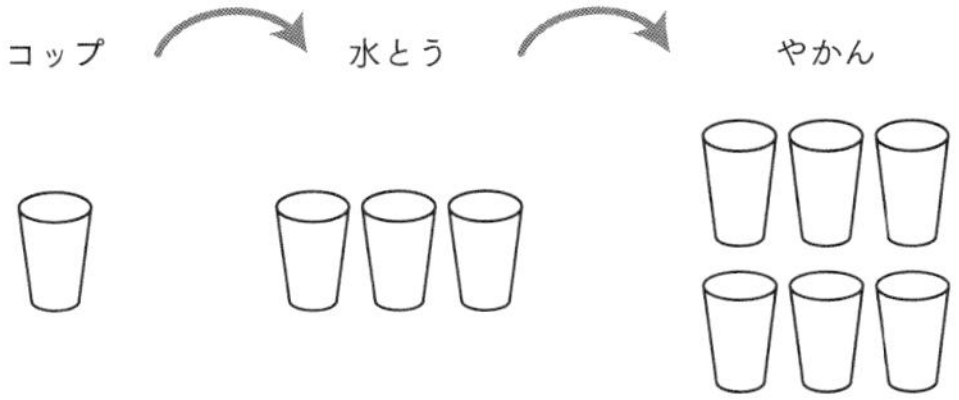

もちろん、スモールステップの原則に則って、初めは教師がある程度、関係図をかいてあげる必要があります。しかし、何よりも肝心なのは、このような**関係図を子ども自身がかけるようになること**です

何倍でしょうでは、もう1つ、つまずきの原因があります。それは3倍の2倍を5倍ととらえる誤りです。「3＋2＝5倍」と考えているのです。

これは**倍の概念を理解していないことが原因**です。3倍の2倍は、3のまとまりが2つ分です。そこで、コップを1とすると水とうはコップの3つ分、やかんは水とう（＝コップ3つ分）の2つ分ですから、コップ6つ分になります。

もし、関係図でかくとしたら、コップをもとにする量として、3倍ならその3つ分、2倍ならその2つ分と表すようにします。

そのためには、教師がこのような関係図のかき方を例示する必要があります。例示の部分は一斉形式でかまいません。

あとは、類題や練習問題はグループ形式で、子ども同士が試行錯誤しながら解くのが良いでしょう。そのとき、関係図をかくのも良いし、かかずに解くのも良いでしょう。

そして、最終的には、子ども一人ひとりが、自分のペースで学習していく、そういう学習の最適化を図ることが大切です（詳しくは第10章のピア・ラーニングを取り入れるで紹介します）。

式の計算と順序をイメージで表す

4年生の式の計算と順序では、「(3＋2)×4＝3×4＋2×4」のような問題を扱います。「3＋2×4」と「(3＋2)×4」では計算の結果はちがいますが、ともに20としてしまう子どもがかなりいます。

ところで、「(3＋2)×4＝3×4＋2×4」と「3＋2×4＝3＋8」のような計算を図で表した例はあまりないと思います。そこで、このような計算をイメージで表してみました。

このように図（具体）にすると、ちがう計算ということがよくわかると思います。それなのに、計算式（抽象）にしてしまうとたんにつまずく子が増えるのです。

これは、**「3＋2×4」と「(3＋2)×4」が同じ式に見えている**からです（ちなみに全国学力テストでは、この問題の6年生の正答率は6割程度であり、学年が上がるにつれて正答率が下がっています）。

では、授業で毎回、「3＋2×4」や「(3＋2)×4」の問題を、図でかいて教えれば良いのでしょうか。実は、これは半分正しくて、半分正しくありません。

図（具体）から計算式（抽象）にできること（その逆も）を「学習の転移」と言います。この学習の転移は、具体と抽象の間ではなかなか起こらないのです。

教科書や教師が板書したイメージ図を、子どもがただノートに写すだけでは、学習の転移どころか、学習すら成立していません。教師の例示は必

▩(3＋2)×4＝3×4＋2×4の図

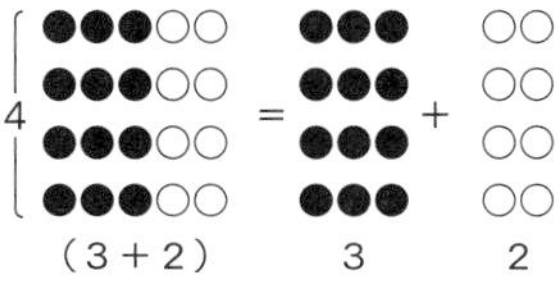

▩3＋2×4　＝　3＋8　の図

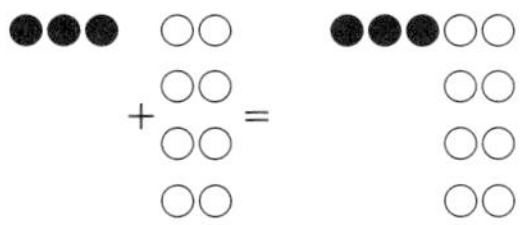

要ですが、それを受けて、子ども自身が考えるということをしない限り、学習の転移は成立しにくいのです。

そのような場合は、教師が図を示して、子どもがそれを計算式で表す、逆に、教師が計算式を示して、子ども達はそれを図で表すという練習をしてみると良いでしょう。

大切なことは、具体と抽象を行き来する思考の反復です。このような思考を反復練習することで、学習の転移をうながすことなのです。

抽象と抽象の間で学習の転移をうながす

十や百は、十円玉や百円玉で具体的にイメージできますが、億や兆は具体的にイメージできません。1000万が10個で1億というのを、具体的に示すのは困難なのです。

このように、**算数は学年が上がるにつれて、具体↓抽象という学習の転移は起こりづらくなる**のです。

もう1つ、算数が難しくなる理由は、具体↓抽象という転移だけでなく、**抽象↓抽象という転移も難しい**からです。

抽象→抽象というのは、類似の計算問題が解けるということです。これは類題を解く反復練習をする以外に方法はありません。そして、このような類題が解けるようにならない限り、中学や高校の数学でつまずくことは目に見えています。

このように、4年生以降の算数では、抽象→抽象の学習の転移が特に重要になってきます。しかし、いろいろ資料を読んでみると、決まって、

「具体的な場面で〜」

という記述が目立ちます。

これは、教師が計算式という抽象的な概念を、わざわざイメージ図や日常的な場面という具体物に置きかえて指導することが重要だと説いているのだと思われます。

しかし、学年が上がるにつれて、具体と抽象の間での転移が起こりづらいだけでなく、抽象と抽象の間での転移も起こりづらいことがつまずきの原因となります。

そうなると、必要なのは**計算式という抽象的な概念で他の計算式という抽象的なことを理解する力**なのではないでしょうか。計算式という抽象的な概念を、わざわざイメー

ジという具体的な概念で説明しないとわからないのであれば、それは本当にわかったということにならないということです。

これは、「できる」と「わかる」をどう両立していくかという、非常に難しい問題です。少なくとも言えることは、教師一人が子ども一人ひとりに個別に教えることは、現実問題として不可能だと言うことです。

ならばどうすれば良いかというと、**基本的な考え方は教師が教え、あとは子ども同士が活動を通してその考え方を共有できるようにする**ことです。協同学習とは、そうした活動のねらいをしっかりとしておかないと、ただ活動させるだけでは子どもに学習の転移が起こらないのです。

第8章

学習方略を身につける

考える力が身につき、学び方がわかる

第8章 学習方略を身につける

主体性を育むには「守・破・離」の精神で

最近の学校現場では、教師が教えてしまうと子どもの主体性が育たないということで、教師が教えることを躊躇してしまう場面が多いように思われます。本当にそれで良いのでしょうか。

茶道や歌舞伎の世界には、「守・破・離」と呼ばれる言葉があります。守とは、師匠から教わった型を忠実に「守る」ことです。破とは、その中で、自分に合ったより良い型を模索し、試行錯誤しながら、その型を「破る」ことです。離とは、さらに修練を重ねることで型から「離れ」、自立した一人前の存在となることです。

このような考えは、学習する過程にもあてはまるでしょう。算数が苦手な子どもほど、図も表も式も何も書かずに、いきなり答えを求めようとします。もちろん、本人なりに考えているのですが、何も手がかりなしで「ただ考えているだけ」なのです。何も手がかりなしで考えることができる人は、ごくわずかしかいません。

思考には思考ツールや学習方略と呼ばれる型が必要です。図や表を書くという方法は、立派な思考の型となります。ですから、書く↓考えると順を追ってやっていく必要があるのです。

そうは言っても、ほとんどの子どもが図も表も書けないのが実態です。ですから、最初のうちは、教師が「この場合は図をかいて考えよう」「この場合は式を書きましょう」と丁寧に道筋を示す必要があるのです。

歌舞伎俳優の坂東玉三郎氏は、

型破りな演技は、型を知らずにはできない
型を知らずにやるのは、形無しというのだ

という言葉を残しています。

教師にも師という字がつく以上、このような**「守・破・離」の精神で学習者に接する**

心構え（マインドセット）が必要です。つまり、師として教えるべきことは、しっかりと教えることが大切なのです。

そのためには、長期的な展望が必要です。例えば、1学期は、基本を忠実に守るよう教師が丁寧に指導します。2学期は、教えるべきところは教え、子どもに判断をゆだねるところはゆだねます。3学期は、大部分を子どもにゆだね、教師はそれを見守るだけの存在に徹するのです。

もちろん、これは学期単位でなく、月単位の場合もあれば、年単位の場合もあります。単元単位の場合もあります。

このように、教師が「守・破・離」の精神で学習者に接することで、次第に子どもに自ら学ぶ姿勢や方法（＝成長マインドセットや学習方略）が身につきます。こうして、**学習に対する基本的な姿勢と方略が身につくことが、子どもに主体性が身につくということ**なのです。

「口ずさんで覚える」維持リハーサル

算数に限らず何かを覚えるとき、私達は声に出して口ずさんで覚えようとすることが多いと思います。これは**維持リハーサルといって、短期記憶から長期記憶へ送り込むために行っている記憶方略の1つ**です。

第6章のワーキングメモリーを節約するで紹介したように、復唱するというのがまさに維持リハーサルなのです。

「いち、じゅう、ひゃく、せん、まん……」

「わり算のひっ算は、たてる、かける、ひく、カクニン、おろす」

「三角形の面積は、底辺×高さ÷2」

「1㎡は10000㎠」

維持リハーサルは、必ずしも声に出して言う必要はありません。頭の中で繰り返すことで、短期記憶から消えてしまうのを防ぎ、可能な限り長期記憶とするのに有効な手段です。

これは個人的な感想なのですが、**最近は、何かを覚えようとするときに、この維持リハーサルが自然とできる子どもが少ない**気がします。

例えば、友だちに電話番号を教えてもらったとき、たいていは「080……」などとつぶやきながらメモするものです。しかし、今はスマホで簡単に登録するだけなので、そもそも覚える必要すらありません。名文を暗唱したり童謡を覚えたりといった経験も極端に少なくなりました。その結果、記憶方略を身につけるという経験自体が減ってしまったと思われます。

だからこそ、**算数など教科の学習を通して、維持リハーサルのような学習方略を子どもが身につけることが大切**です。

説明の仕方を「リハーサル」する

説明する力というのは、ただ説明すれば身につくわけではありません。その前に、**説**

明するのに大切なこととはいったい何でしょうか。

例えば、「花だんの面積は8.5㎡で、畑の面積は6.8㎡です。畑の面積は花だんの面積の何倍ですか」という問題があったとします。

▩どんな計算になるのかな（小５）

> １．花だんの面積は8.5㎡で、畑の面積は6.8㎡です。畑の面積は花だんの面積の何倍ですか。
>
> ２．東町の面積は14.7㎢で、西町の面積は10.5㎢です。東町の面積は西町の面積の何倍ですか。

この問題で最低限押さえなければいけないことは、かけ算で求めるのか、わり算で求めるのかということです。畑の面積は花だんの面積の何倍かを求めるので、まず、畑は花だんの何倍か、つまり、「畑÷花だん」をすれば良いことがわかるかどうかが重要です。

そもそも**説明とは、相手の理解をうながす行為であり、説明されることで理解がうながされたり深まったりしなければいけません**。つまり、理解と説明は、表裏一体の関係なのです。

この前提に立つと、説明とは相手が理解できるように、簡潔でわかりやすい必要があります。そして、説明することで、相手の理解がうながされたり深まったりしたかどうかも重要です。

では、どうしたら良いでしょうか。それは、説明の仕方を練習するほかないでしょう。説明の練習と言っても、何度も何度も声に出して言ってみるわけではありません。かけ算で求めるのか、わり算で求めるのかがわからない問題をいくつか用意しておきます。そして、そのような問題をもとに、それぞれどうやって求めたら良いのか、**子ども同士で説明の仕方を練習**するのです。

ここでは、わり算で求める問題だけを用意しましたが、わり算で求める場合、「何÷何」まで考えていない子どもが相当いることは、すでに紹介した通りです。第3章の「算数」で読解力を底上げするでも紹介したように出てきた数字を、そのままの順番でただわり算しているだけなのです。

このような当てずっぽうの思考は、教師の説明だけでは修正は困難です。ですから、誰かに説明するという場面を利用して、子ども同士の活動を通して修正していくと良いでしょう。

だれかに説明するという必要性があることで、問題文を丁寧に読むことができるようになるからです。

「詳しい意味を書く」精緻化方略

第３章の読解力を底上げするでも紹介した精《せい》緻《ち》化《か》とは、学習方略でもあります。**学習者自身が、意味を考えながら学習する**ことです。

よく歴史で流れを理解すると覚えやすい（わかりやすい）というのも精緻化です。漢字を覚えるときも、部首を手がかりにしたり、納税は税金を納める（払う）ことと意味を考えたりすると覚えやすいのも同様です。

これを算数でも活用しないわけにはいきません。例えば、「１Ｌ＝１０００㎤」ですが、これを丸覚えするのではなく、

10㎝×10㎝×10㎝の容器に入るかさが１Ｌ

と、なぜ１０００㎤になるのかも同時に覚えるようにするのです。１Ｌが牛乳パック１本分であることを、イメージできるよ

うにするのも良いでしょう。

このように、必要な情報を加えることで、機械的な暗記を防ぎ、理解が深まります。精緻化することは、思い出すときのヒントになるのです。

「1m＝100cm」だから、「1Lも100cm^3」だろうと思っている子どもは、単位を何となくでしか覚えていないのです。

しかし、「1Lは10cm×10cm×10cmの容器に入るかさ」ということを覚えていれば、「10×10×10で1000cm^3」だということを確実に思い出せるようになります。同様に、k（キロ）は1000倍、m（ミリ）は$\frac{1}{1000}$倍という単位の意味を理解していれば、単位の変換がスムーズにできます。

速さについても、子どもは速さが表していることを、あまり深く考えていません。時速は1時間に進む道のり、分速は1分間に進む道のりです。時速を分速に直すときは、1時間は60分間なので、60分間（1時間）に進む道のりを、1分間に進む道のりに変換するためには、時速を60でわれば良いということがわかるはずです。

このように、**思考とは知識と知識の結びつき**でもあります。精緻化方略は単純に覚えるための方略でなく、考える力を身につけるためにも必要な方略だということがわかります。

「途中の計算式」を書いて見える化する

認知心理学で見える化方略というものがあるわけではありません。しかし、算数で途中の計算式を書くことは重要です。それはなぜでしょうか。

見える化が必要な理由は、まず、ワーキングメモリーを節約することにあります。算数でつまずきやすい子どもほど、式も図も書かずに頭の中だけで考えようとします。

一般的には、考える力がないから書けないと思われています。しかし、実際には逆で、書かないから考えられないのです。

ですから、まず、式や図を書くという行動を通して、考えるという思考をうながす必要があるのです。そのためにも、途中の計算式を書いて、それを見ながら考える習慣を大切にしなければいけません。

こうして、途中の計算式を書いたり図にかいて考えたりして、**実際に、子どもが見える化方略を身につけることが大切**なのです。そうすることで、少し複雑な計算になっても、計算ミスをせずに正解を求めることができるからです。また、仮に計算まちがいをしたとしても、自分が書いた計算式を見直すことで、どこでまちがえたのかがわかるからです。

「記号に置きかえて」見える化する

文章題は、文字で書かれた問題を、イメージ化や構造化を通して理解し、解決する課題です。

ですから、これをすべて頭の中でやろうとしてはいけません。

算数が苦手な子どもほど、文章題を頭の中だけで解こうとします。いきなり答えを求めようとするのです。計算式すら書かない子どももいるほどです。ガチャのように、答えが「ポンッ」と出てくる、そんなイメージです。

5年生で学ぶ、同じものに目をつけての単元は、いきなりかけたりわったりしても答えは求められません。次のような問題では、まず、プリン代をひいて、ケーキ3つ分の代金を求めてからでないと、答えを求めることができません。つまり、答えを求めるの

▒記号で表して見える化する

あるねだんのケーキを３こと、180円のプリンを１こ買いました。
代金があわせて960円のとき、ケーキ１このねだんは何円ですか。

ケケケ＋プ＝960円
プ＝180円
↓
ケケケ＝960−180
＝780（円）

ケーキをケ、プリンをプと表して、見える化する

に、二段階の計算が必要なのです。算数が苦手な子どもほど、その最初の計算が思いつかないのです。

そんなときは、次のように、記号に置き換えて表すという見える化方略を使うと良いでしょう。**ケーキ↓ケ、プリン↓プと書いて見える化するのです**。こうすることで、文字だけではわかりにくい情報がわかるようになります。

ここで大切なことは、教師が毎回見える化するのではなく、**子ども自らが見える化という方略を使えるようになること**です。そして、見える化方略を使って、実際に問題が解けるようになることです。

「割合は比を応用」して解き方を見える化する

割合は、算数の中でも最も難しい問題とされています。それは、具体的にイメージしづらいからでもありますが、**学習方略として子どもに解き方が定着していないから**でもあります。

例えば、上のような問題があるとします。

子どもは20%引きという言葉の意味がよくわかっていません。ですから、**まず、教師が20%引きは定価の20%分安く買えるという意味を教える**必要があります（精緻化）。

その上で、定価の20%が何円なのか、その求め方も教えなければいけません。この場合は、**もとにする量である1200円を100%として、その10等分した1つ分である**

■割合の解き方1（小5）

> 定価が1200円の品物があります。これを20%引きで買います。代金はいくらになりますか。
>
> ・比の概念を使った割合の解き方の例
>
> 100%…………1200円
>
> 10%…………　120円
>
> ↓
>
> 20%…………□円

10％は１２０円になることを書き出します。１０％が１２０円ですから、２０％は２４０円になることがわかるでしょう（もちろん、20％引きなので、「1200－240＝960円」が答えになることも説明します）。

ポイントは、まず書き出すところにあります。これは割合に限らないのですが、**ほとんどの子どもがわからないことを視覚化して考えるという思考の習慣が身についていません。**これではできるものもできません。

ですから、教師がこのような解き方を例示し、子どもが同じような解き方で割合の問題を考えられるようになる（＝解けるようになる）まで、根気強く指導する必要があるのです。

「□を使った式」で解き方を見える化する

３年生で「□×３＝12」のような□を使った式を学びます。４年生以降でも扱う内容ですが、教科書ではトピックスのように扱われていて非常に残念です。実は、**この□を使った式はかけ算かわり算かを考えるのに非常に便利な思考ツール**です。

■割合の解き方２（小５）

サッカー部の入部希望者は40名で、これは定員の1.6倍にあたります。サッカー部の定員は何名でしょう。

・□の式を使った割合の解き方の例
わからないものを□として、いったん□の式で考える

入部希望者は定員の1.6倍
↓
40＝□×1.6

割合の問題で、次のような問題があるとします。この問題の場合、多くの子どもが結果的に、「40×1.6」か「40÷1.6」を勘でやることになります。と言うのも、かけ算で解けば良いのかわり算で解けば良いのか、問題文を読もうとしない子どもには、よりどころにするものが何もないからです。

ですから、**まず、「何は何の何倍なのか」を読みとる必要があります**。それを式で表す前に、**いったん言葉の式で書き出してみる（要約）することが大切**です。そして、わからないものを□として、「〜は…の何倍」というかけ算の式で考えるようにするのです。

そうすると、入部希望者は定員の1.6倍なので、定員を□と考えると、「40＝□×1.6」という関係が読みとれます。あとは、□を求める方法は3年生で習っているので、「□

＝40÷1.6」とわり算をすれば良いことがわかるはずです（わかりにくい場合は、「40＝□×8」など、わかりやすい数字で例示しましょう）。

これをテクニックと批判する人も中にはいるかも知れませんが、しかし、それは明確に誤りだと反論します。なぜなら、少なくとも「何は何の何倍か」という関係が読みとれなければ、この問題が「わかる」ということは絶対にあり得ないからです。

問題文を読みとるときに、ただやみくもに読むのではなく、**「何は何の何倍か」という関係を読みとるための手がかり**がないと、読めるものも読めないからです。

あとは、□の式を使って解くのも、習ったことを活用するのですから、これは立派な**汎用的な能力**と言えるはずです。

「問題解決方略」で変わり方を調べる

4年生で、変わり方を調べてという単元を扱います。いわゆる数列の問題です。この単元では、具体物（●の数や辺の数を書いて数える）を扱いながらも、表にあらわしてみて変わり方に法則がないかを見つける抽象的な思考力が問われます。

そのような思考力を養うために重要なことは、教師が図にかいたり表を作ったりすることではなく、**子どもがそのような方略を使って、実際に問題を解けるようになること**です。

そのためには、

- **まず、図にかいて考えさせる（具体化）**
- **次に、表を作って考えさせる（抽象化）**
- **図や表から推測させ、法則を見つけさせる**

という手順を取ります。

三角形になるように●を並べていく問題では、まずは段の数と●の数の関係について図をかいて考えます。すると段の数が2段になると●の数は2つ増え、3段になると3つ増えることがわかります。つまり、段の数だけ●の数が増えていくのです。

ここでも大切なことは、教師が図表を例示して子どもがそれにそって考えるだけでは不十分だということです。もちろん、最初は、教師が例示しながら子どもと一緒に問題

▒問題解決方略の例

・図にかいて考える（具体化）
↓
・表を作って法則を見つける（抽象化）

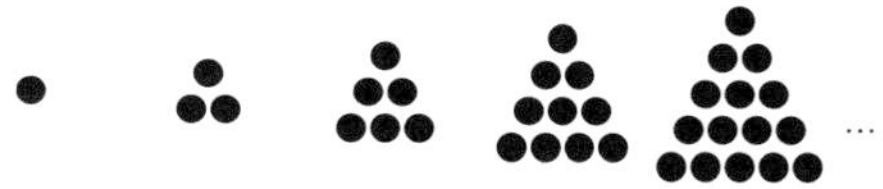

段の数	1	2	3	4	5	6
●の数	1	3	6	10	15	?

２増えた　３増えた　４増えた

を解く必要があります。それから、類題を子どもに解かせるようにします。

とはいえ、類題を解くことに対して、否定的な先生が少なくないようです。しかし、算数は反復練習してようやく技能が身につく教科です。一回のドラスティックな授業をやったからといって、技能が身につくわけではありません。

大切なことは、**図をかく↓表を作る↓法則を見つけるということを繰り返すことで、実際に子どもがそのような「問題解決方略」を身につけること**です。類題を解くことを通してしか、この問題解決方略を身につけることはできないのです。

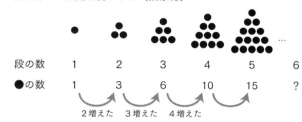

「図や表にまとめ」て体制化する

体制化とは、グループにわけてまとめたり、順番に並べてまとめたりといった、いわば要点の「まとめ」をする学習方略です。

要点には、**類似（似たもの）、対比（ちがい）、因果（なぜか）、具体化（例）などがあります**。体制化では、これらを意識してまとめることが大切です。

面積の公式1つとっても、4年生で長方形や正方形の面積を学び、5年生で三角形や平行四辺形などいろいろな四角形の面積を学びます。6年生では円の面積も学びます。

三角形の面積を学んだ後に平行四辺形の面積を学ぶと、三角形の面積を求める問題で÷2を忘れる子どもが増えます。これは三角形と平行四辺形の面積の公式が類似していて、ともに「底辺」「高さ」という同じ用語が含まれているからです。

5年生で円周の求め方を学んだ後、6年生で円の面積の求め方を学びます。これらも公式が似ているので、つまずく子どもが増えてしまうのです。

そこで、**似ているものをいくつかとりあげ、ちがいを明らかにしながらまとめること**

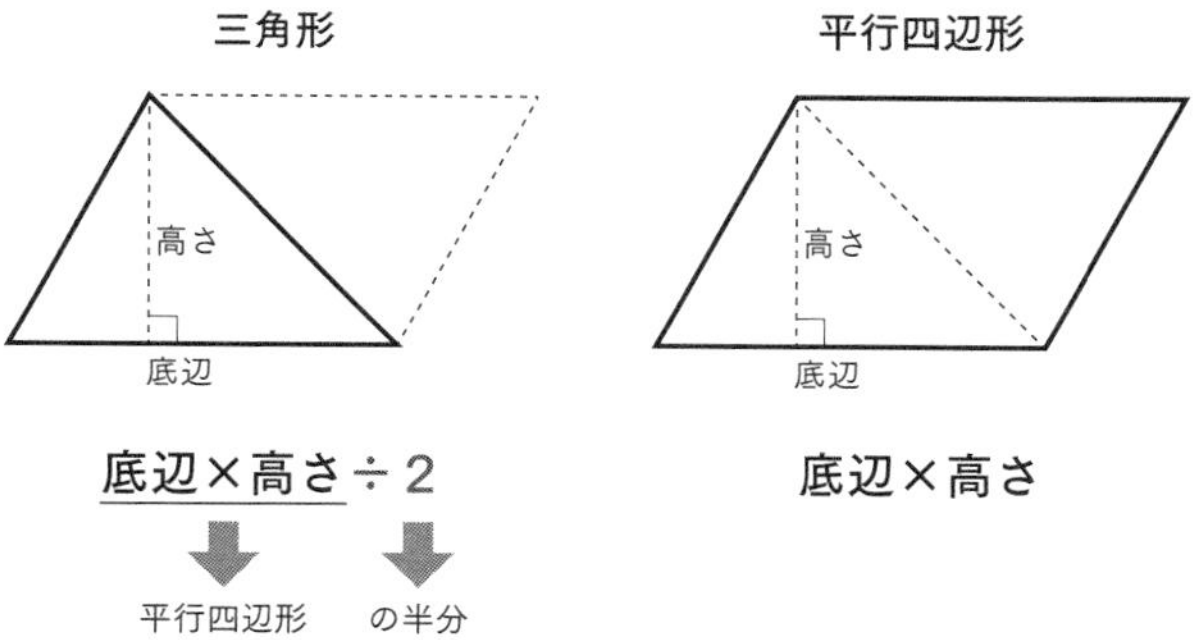

が必要です。そんなときは、授業でこのように図を使って紹介します。平行四辺形は「底辺×高さ」、三角形は「底辺×高さ÷２」で面積が求められるという、ちがい（理由）を明らかにして説明することが大切です。つまり、精緻化です。

しかし、それ以上に大切なのが、**子ども自身がこのようなちがいを明らかにして復習できるようになること**です。つまり、**子ども自身が「体制化方略」を身につけること**です。

とはいっても、そこまで指導するには、どうしても学校の授業だけでは時間がたりないと思います。そんなときこそ、自主学習ノート（自学ノート）を活用します。**自学で取り組むと良い例として紹介する**のです。

いずれにしても、体制化（まとめる）という学び方を、子ども自身が身につけられるような指導の工夫を模索することが大切なのです。

第9章

メタ認知をうながす

「わかっていない」ということがわかること

第9章

メタ認知をうながす

メタ認知とは「わからない」ことが「わかる」ということ

宿題に関する研究では、小学生の宿題は、中高生の宿題と比べて学力を上げる効果は少ないとされています。

実際、**研究によると、「学習者による学習の管理」はほとんど教育の効果がない**ことがわかっています。これは、「自学ノート」のように「勉強すること」を子どもに任せてしまうと、学習の成果に結びつかないと言うことです。例えば、好きなことだけを勉強したり色ペンを使うことに凝ったりしてしまい、結果として、理に適った勉強にならないことを示唆しています。

では、ドリル学習についてはどうでしょうか。**単純な反復練習は、知識や技能の獲得といった初期の段階の学習には大いに効果を発揮します。しかし、概念の理解や深い理**

解を必要とする習熟のための学習には向いていません。

また、自由研究や読書感想文のような高次の概念的思考を必要とする課題は、学力が高い一部の子どもにしか効果はなく、家庭の教育水準に依存するという点で、これも宿題には向いていません。

一方、勉強につまずきのある子ほど宿題の恩恵は得られず、むしろできないことで勉強自体に対する動機づけを低減させてしまいます。さらには、答えを写すなどの誤った学習行動につながることで、固定マインドセットを植えつけてしまうことにもつながりかねません。

つまり、どれもこれも**わからないことがわかるということにはつながらない**のです。従来型の宿題はデメリットの方が大きいと言わざるを得ません。

では、どのような学習・宿題なら効果が期待できるのでしょうか。重要なことは「メタ認知」です。

何がわかっていて何がわかっていないのか自分でを把握する力を、メタ認知能力と言います。しかし、**多くの子どもにそのようなメタ認知能力が初めから備わっているわけではありません。にもかかわらず、勉強する内容ややり方を子どもに任せるというの**

は、そもそもおかしな発想です。

第1章では、学習者検証の原則について紹介しました。「わかる」とか「わからない」ということは、外部から観察できるものではないので、**できないうちはわかっていないという考えに立つことが大切**です。

単元テストは満点なのに章末テストはさっぱりなワケ

現場の先生あるあるで、**単元テストではできたけれど、章末問題のテストではさっぱりできない**ということがあるそうです。これは、わかっていないけれどできる（できていた）という典型例です。

実は、**学習理論から見れば、章末問題でさっぱりできないのはむしろ当然のこと**です。特に小学校では、例えば分数のかけ算を学んだ後に、分数のかけ算の単元テストを行います。分数のかけ算の単元テストなのですから、出題されるのは分数のかけ算だけです。

仮に、子どもがそのようなことを予測していなくても、分数のかけ算のテストなのですから、出題されるのは分数のかけ算に決まっています。もちろん、文章題も分数のかけ算しか出題されません。

そうなると、**子どもは文章題をちゃんと読まなくても、書かれている数字をかけ算することとさえできれば答えが出せてしまう**のです。

これはプライミング効果と言って、直前に学んだ内容が優先的に想起されてしまうという脳の特徴も関係しています。５年生で円周の求め方を学びますが、６年生で円の面積の求め方を学んだ後、円周の問題を出題すると、かなり多くの子が円周ではなく面積を求めてしまいます。

いずれにしても、このように考えると、単元テストで満点が取れたからといって本当に理解していると思うのは早計です。

部分練習（分習法）と全体練習（全習法）を組み合わせる

第1章の学習者検証の原則では、「わかる」より「できる」がまずは大切と紹介しましたが、しかし、これはあくまでも、「まず」という意味です。

合唱の練習では、パート練習と全体練習を組み合わせるのが常識だと思います。学習理論では、パート練習にあたるのを**分習（分習法）**と呼び、全体練習を**全習（全習法）**と呼びます。この**分習と全習を組み合わせることが、技能の向上には不可欠**です。

これは算数も同じです。分数のかけ算を学んだ後に、分数のわり算を学びます。本来なら、その後に分数のかけ算とわり算が混じった問題を解く必要があるのです。

つまり、

- **分数のかけ算の問題を解く（パート練習1）**
- **分数のわり算の問題を解く（パート練習2）**
- **分数のかけ算わり算の混じった問題を解く（パート練習1＋2＝全体練習）**

という、分習（分習法）と全習（全習法）を組み合わせなければいけないのです。

この全体練習をやってみないと、**「わかっていない」ということが、子どもはもちろん、教える側にもわからない**からです。これこそが、**指導改善のための形成的評価**なのです。

せっかく授業を行っても、多くの子どもに「かけ算の単元だからかければいい」「わり算の単元だからわればいい」という、短絡的な思考の癖だけが身についてしまっているかもしれないからです。

ですから、**分数のかけ算とわり算を「別々に」解く問題の後に、「ごちゃまぜに」した問題を解くようにしなければ、本当の力は身につかない**のです。

この分習法と全習法は、あらゆる技能の習得に必要な、きわめて重要な指導法です。

誤答を赤ペンで「直す」のを止める

学校では、答えがまちがっていたときに、赤ペンで正しい答えを書いておく（正解を写す）という指導をしているところがほとんどのようです。しかし、これはわかったつもりにさせてしまうだけです。

中学校での数学の例になりますが、累乗の計算のまちがいはよくあります。特に次のような、（）やマイナスがつく場合、誤答は圧倒的に多くなります。全国学力テストでも明らかになっているのですが、このような問題を全く同じと見ている子が約16％もい

▒累乗の計算でよくあるまちがい

$$(-3)^2=9 \qquad -3^2=9$$

全国学力・学習状況調査によると、この２つの計算が同じに見えている中学生が約16％いる。

ます。つまり、**6人に1人が、$(-3)^2$と-3^2が全く同じに見えている**のです。これは認知に関する問題です。

また、3の2乗と3の2倍を混同するケースも多々あります。これは、見た目の式という抽象から、累乗と積のちがいという抽象を思考するときにつまずいていることが原因です。

「3＋2×4＝20」とする誤答が3割近くあるのも同様です。「3＋2×4＝11」は正しくて、「3＋2×4＝20」はまちがいであるということに、子ども自身が気づけることが大切なのです。

これを修正するためには、まちがえた問題を、もう一度解き直す必要があります。学校では、**テストや宿題（ドリル）で、まちがえたところを赤ペンで直しておくだけですませてしまう指導がほとんど**です。これでは、できることもできるようにはなりません。

跳び箱を跳べなかったら、跳べるようになるまで練習するしかありません。跳び方のコツを確認するなど、さまざまな工夫は必要ですが、やっぱり跳ばないと跳べるようにはならないのです。

算数も数学も技能教科ですから、「解き直し」をしない限り、できるようにはならないのです。

常に「たしかめ」をする姿勢を養う

算数で最も多いまちがいは、計算ミスです。しかし、**計算ミスは「たしかめ」をすることで、防ぐことができます。**検算という概念があるように、自分が計算した結果を、もう一度、計算し直して、常に確認する姿勢が大切なのです。

ひき算であれば、ひく数と答えをたし算することで、正しい答えかどうかを確認することができます。

３年生で学ぶ□を使った式でも、□を求めた後、もとの式の□に答えを当てはめてみて、答えが正しいかどうかを確認することが必要です。

わり算のひっ算のところで、①たてる、②かける、③ひくの、次に、④カクニンというプロセスを入れるのも、そのためなのです。

このように、**再度、計算したり確認したりする習慣が身についたら、メタ認知ができる**ということになります。

ただ、この検算という作業は、方略のコストが高いのが問題です。やはり、面倒くさいのです。子どもは内心、「テストの時はちゃんと確認するから大丈夫」と思っているかもしれません。しかし、普段からたしかめをしない子が、テストのときだけできるという保証はありません。実際、普段の授業や宿題と同じように、テストでも同じようなミスをしているはずです。

大切なことは、**たしかめをすることが大切だという成長マインドセットを育むこと**です。そのためには、普段の授業はもちろん、家庭学習でも常にたしかめをして、答えが合っているかどうか確認することを習慣化することが大切です。

自学ノートは「解き直し」をさせると良い

勉強とは、できなかったことができるようになることでもあります。ですから、**まちがえた問題をもう一度、解き直しさせることが重要**です。これなら、基礎学力が不十分な子どもでも可能です。

実は、ほとんどの勉強本には、「まちがい直し」と言われる、解き直しの重要性が紹介されています。

しかし、**具体的にどのように解き直しやまちがい直しをしたら良いかまでは書かれていません。**実際、自学ノートの取り組みを紹介した本でも、どれもこれも丸や二重丸がつけられているものばかりです。これは、もともと勉強ができる子どもが簡単にできる問題をやっただけの事例が集められているからでしょう。

できる問題を何回も解いても、できない問題ができるようになるわけではありません。ましてや、できなかった問題にただ赤ペンで正解を写しておくだけでは、いつまでたってもできるようにはなりません。

できなかった問題は、もう一度、解き直すことで、初めて勉強になるのです。算数の場合は、もう一度解き直すという非常にシンプルな方法でまちがい直しができます。ただし、**解き直しをするのに最適な課題は、正答率が8割程度のもの**とされています。簡単すぎても難しすぎても効果は期待できないのです。

自学ノートへの取り組みも、このようなまちがい直しをおすすめします。

メタ認知とは「行動目標」を立て直すこと

「見直しをしましょう」とか「よく読みましょう」と指導することがあると思います。しかし、これでは、**ただの精神論で終わってしまい、必ずしも何か具体的な行動をうながすことにはつながりません。**

例えば、5年生が約数を求めるときに、12の約数を「1、2、3、4、6」と書いていたとします。そのとき、「見直しをしましょう」と言うだけでは、メタ認知をうながすことにはなりません。なぜなら、子どもは自分の書いた答えが合っているものと思いこんでいるからです。

まちがいを見つけるためには、基本的に約数は2と6、3と4などのペアで成り立っていることを理解している必要があります。あるいは、「12÷整数」が（暗算で）正しく計算できる必要があります。

このように、**知識や技能を総合して判断することがメタ認知**です。メタ認知をするのにも、知識や技能が必要なのです。

もう１つ大切なことは、メタ認知できるということは、**新たに具体的な行動目標を立てられること**です。

先ほどの約数を求める場合、12を順に１、２、３、４でわっていくことができていないから正解を導けないのです。あるいは、求めた答えがペアになっているかどうかを確認していないからです。

ですから、

「自分が求めた答えを、もう一度、計算し直してみる」

「ペアができているかどうか、１つずつ確認する」

という、具体的な行動ができることが大切です。

子どもにメタ認知をうながすためには、「見直しましょう」と抽象的な言い方をするのではなく、「もう一度、÷1、÷2、÷3…と計算してみましょう」「ペアができているかどうか、実際にペアを作ってみましょう」と**具体的な行動を指示しなければいけません。**

こうして、基本動作ができているかどうかをチェックして、学習者が自分自身へフィードバックすることがメタ認知なのです。

メモできる子はもともとメタ認知ができる

私が教えている生徒の中に、言われなくても大切なことをちゃんとメモする子どもがいます。例えば、「$(-1)^2$と-1^2はちがう」と板書して説明すると、その子どもはちゃんとノートの余白にメモをしています。他の子どもは、メモをすることをうながさない限りメモをしようとはしません。このちがいはどこにあるのでしょうか。

メモの重要性は、いろいろなところでずっと言われています。しかし、それでも**メモすることができる子どもとそうでない子どもに分かれるのは、メタ認知ができるかどうかが関係している**と考えられます。

メモができない子どもは、重要なことなのかどうかという区別すらついていないのです。仮に、重要なことだとわかっても、それをメモしておこうという発想がありません。

もう1つは、メモを取るということが、方略のコストにつながるからです。一言で言えば面倒くさいのです。

この2つの問題をクリアするために大切なことは、**まずメモ用紙や付せんを用意しておいて、すぐにメモできる学習環境をつくること**です。そして、**メモすることのメリットを子どもが実感できること**が大切です。

例えば、ノートにメモするだけでは、ノートをよく見ない子どもにとってはほとんど効果がありません。しかし、**付せんにメモしておいて、教科書や連絡帳など、必ず見るところに貼っておく**とどうでしょうか。

そうすると、付せんなので教科書や連絡帳を開いたときに、目に入りやすくなります。確かに、付せんを貼っておいても、まるで空気のように目に入らない子どももいます。しかし、少なくともノートにメモしておくよりも目に入る可能性は高まります。

ですから、やはり付せんを用意しておくのが良いでしょう。重要なことをその場で付せんにメモさせるのです。

あとは、肝心な内容ですが、

・途中の計算式を必ず書く
・□を使った式を書いてみる

など、**解き方のヒントや注意点をメモしておく**と良いでしょう。まちがえやすい公式をメモしておき、授業で教科書を開くたびに目にすることができるような工夫も大切です。

くれぐれも、メモしましょうという精神論や根性論で指導するのではなく、その場でメモを取らせるという具体的な行動として指示することが重要です。

「リフレクション」ブームの落とし穴

私が教育実習生だったころは、「つかむ」「とりくむ」「まとめる」といった授業展開が主流を占めていました。しかし、最近では、「ふり返り」が授業の中で重要な位置を占めています。いわゆる、リフレクションです。

リフレクションとは、一種のメタ認知です。**メタ認知とは、自分が認知したことを再度、確認すること**です。リフレクションは記憶のメカニズムから考えても、とても理に適ったことです。

しかし、このリフレクションが目的化されてしまっては、元も子もありません。こんな事例があります。なかなか授業に参加できない子が、珍しく算数のある活動に夢中で取り組んでいました。ところがその先生は、その子が夢中になって取り組んでいる活動を途中で制止してしまったのです。理由は、「ふり返り」の時間がきてしまったからです。

教室では、このような想定外のことが時々起こります。リフレクションは確かに大切です。しかし、夢中になって取り組めているその子どもにとっては、リフレクションよりも、その活動を最後までやらせてあげた方が、学びは多かったかも知れません。

また、リフレクションでよくあるのが、「楽しかった」とか「わかった」といった感想を書き連ねるケースです。感想が必要ないとは言いませんが、リフレクションをするねらいは、学んだことを定着させたり、次の学びへとつなげたりするためでしょう。

「〜がわかった」
「〜が楽しかった」

必要なのは、このような表面的なリフレクションではなく、**認知的な枠組みや行動様式を再確認すること**です。

認知的な枠組みとは、自分がどのようなまちがいをしていて、どうすればそのまちがいを修正できるのかということです。行動様式とは、その認知的な枠組みをふまえて、具体的にどのような学習行動をとれば良いのかふり返ることです。つまり、行動目標をたてられることです。

「3の倍数を、3、6、12と答えていた」
「倍数を求めるときは、順番に1倍、2倍、3倍……する」

このように、**具体的な認知的な枠組みや行動様式の変容があって、初めてリフレクション（メタ認知）と呼べる**のです。

第10章

ピア・ラーニングを取り入れる

一斉授業か協同学習かを越えて

第10章 ピア・ラーニングを取り入れる

ピア効果とは？

ピア・ラーニングとは、学び合いのような協同（協働）的な学習のことです。ジョン・ハッティ著「教育の効果」（図書文化）でも示されていますが、**学力に影響を与える要因として、学級での児童生徒の行動が重要**であることがわかっています。

これにはピア効果が関係していると考えられます。ピア（peer）とは「仲間」や「同僚」のことです。一般的には、意識や能力の高い集団に属していることで、お互いを高め合うことにつながる効果とされています。いわゆる学び合いもピア効果の1つと言えるでしょう。

しかし、**ピア効果には、正の効果と負の効果がある**ことがわかっています。当然のことながら、集団内で切磋琢磨することは必要です。ところが、他人を蹴落として自分が

■一斉授業と協同学習のイメージ

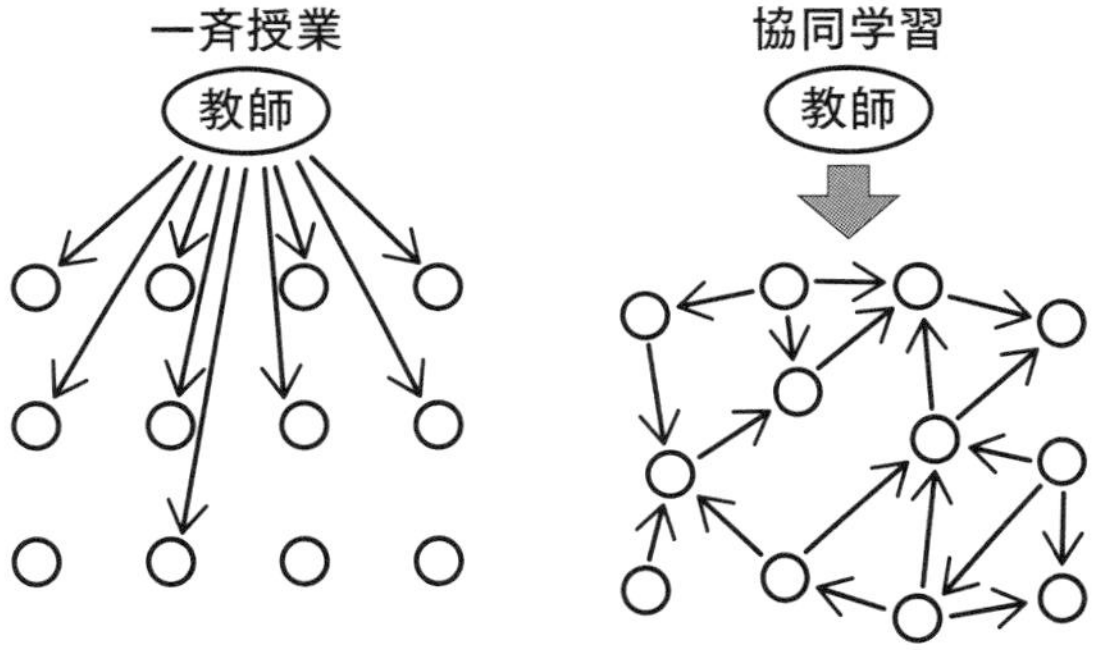

のし上がる様な競争場面では、負の効果が目立つようになります。一方で、協同的な場面で切磋琢磨することができれば、集団全体のメリットにつながり、正の効果が期待できます。

赤坂真二氏の「クラス会議」、菊池省三氏の「ほめ言葉のシャワー」、西川純氏の『学び合い』などは、そうしたピア効果を期待しての実践と言えるでしょう。

また、ピア・ラーニングが効果的な理由は、**協同的な学習と個別的な学習を併用することが、個々の学習、つまり、反復練習（＝アウトプット）をうながしている**からです。

一斉授業では、教師が一方的に原理原則を学習者（子ども）に伝えるだけになりがちです。しかも、技量のある教師でも全員に伝えることは困難です。一方、協同学習では、教師が原理原則を伝え、それを子ども同士が活動という相互作用を通して共有することができます。いわゆる学び合いです。

教室での学習者の行動

算数の授業をしていて**一番心が痛むのは、やり方がわからずに何もできないまま座っている子どもがいるとき**かもしれません。丁寧に授業をしても「$\frac{5}{6}+\frac{4}{9}$」のような異分母の計算で、何もできずにただ座っているだけの子どもが時々いるのです。

異分母の加減では、まず、分母を通分する必要があります。しかし、算数でつまずく子どもは、**通分と言われてもすぐにその言葉の意味を思い出せない**のです。通分とは、分母を最小公倍数でそろえることなのですが、この**最小公倍数という言葉の意味もわからなければ、その求め方も忘れている**のです。

そういう子を目の当たりにして、

「教え方がまずかったかな」

と後悔しても、まさに後の祭りです。

異分母の加減では、複合的な要素が必要とされるため、できない子どもがある程度いても仕方がないと思うこともあります。学校現場ではそのような子どもに、個別に指導している余裕はありません。かといって、そのまま見捨てるわけにもいきません。

そんな時こそ、協同学習が向いています。ただし、これには前提があります。**異分母の加減を解くのに必要な通分や約分の仕方について、授業で説明を終えていること**です。

通分する場合、分母の最小公倍数を求めなければなりません。最小公倍数の求め方は、一方の数の倍数を書き出して、その中からもう一方の倍数を見つけます。そのためには、倍数をすぐに思い出せるように暗唱しておくと良いでしょう。約分の仕方も、一気に答えを求めるのではなく、思いついた公約数からわっていって、最終的に答えが求められればそれでかまいません。

教室にはこのような通分や約分の手順をちゃんと理解している子どもが一定数いて、**協同学習ではそのような子どもがうまく機能することが大切**です。

子どもA：「Bさん、まず、通分するんだよ」
子どもB：「通分って何だっけ」
子どもA：「9と6で分母がちがうから、同じ分母でそろえるんだよ」
子どもB：「54ってこと？」
子どもA：「54じゃ大きすぎるから、もっと小さい数で」

このような**子ども同士での学び合いをピア・チューターリング**と呼びます。ピア・チューターリングでは、「通分とは分母がちがう分数を同じ分数にそろえること」という**精緻《せいち》化**や、「54は9と6の最小公倍数でないこと」という**モニタリング（メタ認知）**が起こることが重要です。このような精緻化やモニタリングが起こるといういくつかの条件を満たせば、ピア・チューターリングは上手く機能するのです。そのためには教師が解き方の手順をきちんと説明しているかどうかが重要です。

■分数のわり算の教授・学習法

	概念的理解・思考 （わかる学力）	手続き的知識・技能 （できる学力）
学習の目標	分数のわり算はなぜかける逆数になるのか面積図を使って考えることができる	$\frac{5}{6} \div \frac{3}{4}$ のような計算問題を解くことができる
教授法	グループワーク	一斉授業
学習法	協同学習	個別学習／反復練習
達成の程度	一部の子が習得可能	多くの子が習得可能
教育観	経験主義	系統主義
評価	ペーパーテストでは困難。定性的に評価が可能	ペーパーテストで定量的に評価が可能

個別学習と協同学習

一斉授業と学び合いのような協同学習は、対極に論じられることが多いようです。一斉授業は、教師が可能な限り教えるものという指導観に基づいています。その一方で、協同学習は、可能な限り子どもの活動という偶発的な学習にゆだねるという指導観に基づいています。ここでは、可能な限りと表現しましたが、実際には、あまりにも極端過ぎるのです。

大切なことは、**実際に子どもに学びがあるかどうかです。つまり、学習理論でいうところの「学習」が成立しているかどうか**です。

学習とは、経験による持続的な行動の変容という行動主義的な立場もあれば、知識やスキーマ（知識の枠組み）の獲得であるという認知心理学的な立場もあります。特に、認知心理学の立場に立てば、知識として再生（思い出せる）できることであり、推論などの思考ができるようになることです。

いずれにしても、**教授や学習指導を通して、子どもに認知面でも行動面でも意欲面でも、比較的継続的な変化が現れることが学習**です。

この学習が成立しているのであれば、個別学習でも協同学習でもどちらでも良いというのが本質ではないでしょうか。

つまり、**学習成果というねらいがあり、それを達成するための手だてとして一斉授業や協同学習という指導・学習形態がある**と考えるのです。

そう考えると、一斉か個別かとか、一斉か協同かという対立構図で考えること自体がナンセンスだということがわかります。

特に算数では、「手続き的知識・技能」と「概念的理解・思考」が対立的な学力としてとらえられる傾向があります。それは、よく言う「できるよりわかるが大切」という考えです。極端な例を挙げると、**学習塾は「できる」を追求し、学校は「わかる」を追**

求する授業をすれば良いという考え方です。

しかし、これには明確に誤りと言わざるを得ません。**「概念的な理解・思考」も「手続き的知識・技能」も、どちらも大切な学力**だからです。ただし、それぞれ習得するのに適した学習形態があるのです。

計算のような手続き的知識・技能は、ほとんどの子が習得可能な力で、反復練習を通して身につける力です。

一方、「分数のわり算はなぜかける逆数になるのか」のような概念的理解・思考は、すべての子が習得可能なわけではありませんが、グループワークを通して経験的に学ぶ必要があります。

協同学習が形式化する原因

中谷素之・伊藤崇達編著「ピア・ラーニング　学び合いの心理学」（金子書房）によると、協同的な学習が上手く機能するためには、ピアと呼ばれる**学習者の「類似性」「互恵性」「自発性」が関係している**ことがわかっています。また、**学習の目標が明確で**

あり、学習の過程が言葉や文章などでうまく表出され、それらを学習者が共有できるこ
とも重要です。

「類似性」とは、年齢や語彙力（ことばづかい）などの認知レベルが近いということ
です。教師（大人）の説明ではわかりにくいことでも、認知レベルが近い仲間（クラス
メイトなど）ならわかりやすく感じるといった効果が考えられます。

国語や英語で教科書を読んでいて読めない漢字や単語があったときに、教師には聞き
づらいことでも、仲間であれば気軽に聞けるのも類似性が関係しています。また、そう
したやりとりが、双方の学びにつながったり**（互恵性）**、自発的に発生したりすること
（自発性）も大切です。

協同学習が成立するためには、学習の目標が明確であることも重要です。例えば、理
科で二酸化炭素の性質を学ぶ目標が、「二酸化炭素の実験をしよう」という表現では不
十分です。そのような場合は、**「実験をして、二酸化炭素の性質を3つ以上説明できる
ようにしよう」という具体的な目標を立てる**必要があります。

そして、この目標を達成するための具体的な手だてや問題解決の過程が、対話によっ
て仲間の間で共有される必要があります。

こうすることで、学習者が「いったい何をすれば良いのか」と困惑することなく、目標達成のために、個人の活動、そして、仲間への援助行動を行えるようになるのです。

それでも協同学習が「形式化」してしまうことは、決して珍しくありません。真面目にやる子どもとそうでない子どもの差、雑談による時間の浪費、責任のなすりつけあいなどが起こるのです。また、できない子どもができる子どもの指示や行動に追従してしまう、いわゆる同調行動も挙げられます。

「となりの人と意見を交換しましょう」「グループで話し合いましょう」といった交流も、形式こそ協同（協働）的ではあるものの、学習が成立しているとはほど遠いと言わざるを得ません。協同学習では、単にペアや、グループ（班）で交流するだけでなく、そのような**活動を通してお互いの理解を広げたり考えを深めたりすること、つまり「学習」につながらなければ意味がない**のです。

いずれにしても、何をねらいとしているのか、目標が明確でないことが、このような協同学習が形式化してしまう大きな原因と言えます。

達成可能で「具体的な行動」目標を立てる

どのような活動でも、目標が明確でなければうまくいきません。**行動科学では、目標とは具体的に行動できること**とされています。

例えば、「部屋をきれいにしましょう」は、行動科学では目標とは呼べません。理由は、「きれいにする」が、抽象的な行動であり、具体的な行動ではないからです。この場合は、「落ちているゴミを拾う」「掃除機をかける」「使ったものをもとあった場所に戻す」など、具体的にできる行動である必要があるのです。

また、達成できたかどうか、基準が明確であることも目標に必要な条件です。「分数のかけ算とわり算が混じった計算について学ぼう」では、何を基準に達成できたかを判断することができません。ですから、「分数のかけ算とわり算が混じった計算問題を9割以上、正解することができる」など、**達成可能で具体的な行動目標を立てる必要があるのです。**

では、「円の面積がなぜ『半径×半径×3．14』になるのか説明できる」という目標はどうでしょうか。一見、説明できるようになれば達成可能な目標のように思えます。しかし、円の面積がなぜ「半径×半径×3．14」で求められるのかは、抽象的で非常に高度な概念なので、全員が達成するのは難しいのではないでしょうか。仮に、説明できたとしても、**教科書の説明を棒読みするだけであれば、やはり形式的と言わざるを得ません。**

このように、単元や授業ごとに最適な目標を設定することは容易ではありません。発問の仕方も含め、常に最適な目標を模索する姿勢が大切です。

まねることで学ぶ「モデリング」

モデリング（模倣学習）とは、バンデュラが提唱した概念で、まねることで学習が成立するという考えです。

これまでの章で紹介した、途中式を書く、図にかく、表を書く、記号で表す、説明の型を利用する、要約する、精緻化する、例示する、リハーサルといった**やり方を子どもがまねることで、実際にスキルとして身につく**と考えられます。

このモデリングは、教師の教え方を子どもがまねるだけでなく、ある子どものやり方を別の子どもがまねるということでも成立します。協同学習では、そのようなモデリングが成立することが重要なのです。

そのためには、**学習の過程が言葉や文章などで表出されることで共有化されることが必要**です。

計算のきまり（小４）

●＋■＝■＋●

（●＋■）＋▲＝●＋（■＋▲）

●×■＝■×●

（■＋▲）×●＝■×●＋▲×●

計算のきまりの例題

①54＋79＋21

②７×32

③50×48　　　④48×５×４

⑤99×７　　　⑥105×36

特に算数では、問題を解くときに、途中式を書いたり、図にかいたり、表に書いたり、記号で表したりすることで、他者の思考の過程がその他の人にもわかるということが重要なのです。

４年生で学ぶ計算のきまりは、教師が一方的に教えるだけではなかなか定着しません。このような場合は、協同学習を通して、「計算のきまりの例題６つを、全員が工夫して計算できるようになる」という目標をたてて取り組んでみましょう。

こうした活動を通して、

「○○さんがやっていたやり方をまねてみよう」
「途中の式が書いてあると、どうやってやったのかがよくわかる」

とった、（模倣）学習が起こることが重要なのです。

共有化するとは、単に見せ合うとか同じ内容を扱うというわけではなく、活動を通して、学習者の間で学習の転移が起こることと言いかえても良いかも知れません。ある学習者の学びが、別の学習者の学びにつながることが大切なのです。

子ども同士で説明し合う

ＰＩＳＡや全国学力テストでも、**重要性が指摘されているのが、図や表といった非連続型テキストをもとに説明する力を身につけること**です。ところが、多くの学校では、子どもに説明の仕方から考えさせることが多いようですが、それでは子どもに説明する力はつかないでしょう。

2つのパ
用意して
アする

式と計算（小５）【パターンＡ】

次のように●を三角形の形にならべました。●の数え方をＡの式に表したとき、どのように考えたのか説明しましょう。

Ａ：（５－１）×３

⑴　まず、それぞれの数字が表していることを説明しましょう。

・５……（　　　　　　　　　　　　）

・１……（　　　　　　　　　　　　）

・３……（　　　　　　　　　　　　）

⑵　「～のいくつ分」という説明の型を使って、（５－１）×３の数え方を説明してみましょう。

まず、**教師が基本的な説明の仕方（型）を例示する**必要があります。説明は、シンプルでわかりやすい方が良いに決まっているからです。この例示は、必ず教師が行わなければなりません。この部分を子どもにゆだねてしまうと、まさに「活動あって学びなし」の授業になってしまうことは目に見えているからです。

次に、子ども同士が説明し合うという活動を通して、説明の仕方を反復練習することが必要です。**教師の説明の仕方をまねる**のです。反復練習というと、古い指導観だと否定的な人がいますが、基礎基本となる知識や技能、概念の獲得といった初期の学習段階においては、反復練習の効果は「絶大」です。

■式と計算（小５）【パターンB】

次のように●を三角形の形にならべました。●の数え方をBの式に表したとき、どのように考えたのか説明しましょう。

B：５×３－３

(1)　まず、それぞれの数字が表していることを説明しましょう。

・５……（　　　　　　　　　　　）
・３……（　　　　　　　　　　　）
・３……（　　　　　　　　　　　）

(2)　「～から…をひいた」という説明の型を使って、５×３－３の数え方を説明してみましょう。

AとBのターンをおきシェ

また、子どもが説明し合うという活動を通してわかりやすい説明の仕方をモデリングによって学習していくことが重要なのです。この部分を教師が一方的に教え込んでも、効果は期待できません。だからこその協同学習なのです。

具体的な手順としては、A、Bという2つのパターンの説明課題を用意しておきます。説明の型のところで紹介したように、**まず、5、1、3という数字が、それぞれ何を表しているのかをノートやワークシートに書かせます。** 例えば、5は「一辺の●の数」とか「一辺に●が5つならんでいます」といったことです。これは説明のパーツとなる重要なものです。

次に、これらのパーツをどう組み合わせて説明するのか、説明の型を例示します。「×3」の部分は、辺の数が3つあるので、3つ分とか3倍という意味になります。ですから、必然的に「〜のいくつ分」という表現が必要になります。同様に、ひき算の部分では、「〜から…をひいた」という表現も必要になります。この**説明の型を使って、先ほどの説明のパーツをあてはめ、説明文を考えさせます。**

これらの個別の活動ができたところで、いよいよ子ども同士で説明し合うという活動へと移ります。ワークシートに書かせたことをもとに、説明する練習をするのです。そして、子ども同士で説明することを通して、よりシンプルでよりわかりやすい説明の仕方があれば、どんどんまねて良いと指示しておきます。

そして、ここが最も重要なポイントですが、パターンAとBという2種類の説明を、バラバラに配り、子ども同士で2つのパターンの説明をシェアするようにします。

同じ説明を何度も繰り返すだけなら、子ども同士でシェアする必要性が全くありません。パターンのちがう説明だからこそ、他の子とシェアするという必要性が生まれるのです。これはつまり、学習の目標を明確化することでもあります。

この**活動で大切なことは、学習の転移をうながすこと**です。三角形で説明ができれば、四角形でも説明ができるはずです。また、一辺の●の数が５つのときに説明できれば、６つのとき、７つのときでも同じように説明できるようになるはずです。

そのために重要なことは、基本的な説明の型が子どもに身につくことなのです。説明の型というひとつの思考パターンが身につくことで、いろいろなことに応用できるようになるのです。

教師は原理原則を教えて子どもは学び合う「学びの個別最適化」

ピア・チューターリングは特に算数で効果が高いとされています。それも、子どもに教師の代わりをさせるのではなく、**ある程度、教師の指導のもとでピア・チューターリングを行う方が効果が高い**ことがわかっています。

これは、子ども同士による協同学習で、精緻化やモニタリング、モデリングが起こるためです。裏を返せば、**一斉授業ではなかなかできない個別の学習が、協同的な学習の場面で起きることが重要なのです。**

ピア・チュータリングが起こる授業の設計例としては、どのようなものがあるのでしょうか。

「分母の最小公倍数をかけて通分する」
「答えが約分できる場合は約分する」

異分母の加減について、この2点を押さえた基本例題を、授業の最初の10分程度、一斉授業で解いていきます。次に、25分程度で定着課題を協同学習（学び合い）で解く時間にします。

そして、最後の10分を復習（倍数や約数、通分や約分など）や発展問題を解く時間とします。

■学びの個別最適化を図る一斉＋協同のハイブリッド型授業

時間	学習内容	教授学習法
10分間	基本例題	一斉授業
25分間	定着課題	協同学習
10分間	復習 or 発展	個別学習

授業の形態としては、**一斉授業＋協同学習や個別学習のハイブリッド型授業**となります。

このようなハイブリッド型の授業は、通分がスムーズにできる子どもにも、そうでない子どもにも対応できる、非常に柔軟性の高い授業形態です。

分数の加減のような学習者のつまずきが著しい学習内容を、一斉形式の授業で行うには限界があることは自明です。しかし、通分や約分の部分は、どの子どもも共通で学ばなければならない基礎基本ですから、一律に教えた方がむしろ効果的です。

このように、**ねらいと手だてを意識し、どの子どもにとっても伸びしろがある授業設計**が必要なのです。これが「学びの個別最適化」なのです。

「主体的・対話的で深い学び」の前に大切なこと

全国学力テストの順位を上げるために、「主体的・対話的で深い学び」があるわけではありません。しかし、全国学力テストの結果から、学校での教え方に関して課題を見つけ出すことは重要です。

それは、ガニェの学習成果の5分類でも紹介したように、**どんな力を育みたいのか、そのねらい（＝深い学び）にあった手だて（＝主体的・対話的な学び）を選択する**ことが大切だということです。

問題解決型の授業や探究(求)型の授業を行っても、肝心な子どもに基礎基本となる学力がついていないのであれば、それは本末転倒な授業と言わざるを得ません。実際、学力テストの結果がふるわない地域ほどそのような傾向にあります。

そして、さらなる懸念もあります。「主体的・対話的で深い学び」を追求するあまり、基礎基本の習得に黄色信号が灯っているのです。

■四則の混じった計算の正答率の変化

出題年	問題	正答率	左から順に計算している割合
2007年	6＋0.5×2	69.1％	13.3％
2008年	3＋2×4	71.1％	23.3％
2009年	80－30÷5	67.0％	26.1％
2010年	50＋150×2	66.3％	29.3％
2014年	100－20×4	81.1％	15.5％
2017年	6＋0.5×2	66.8％	17.2％
2019年	6＋0.5×2	60.4％	22.5％

文部科学省　全国学力・学習状況調査より作成

上の表は全国学力テストの結果をまとめたものです。四則の混じった計算問題の正答率です。実は、**学力低下が問題視された2000年以降、それほど改善していない**のが実態です。2014年にようやく正答率が8割を越えたのですが、**なぜか、この数年、「6＋0.5×2」の正答率が徐々にですが下がっている**のです。

もう少し詳しく見てみると、2014年には「左から順に計算している割合」がいったん解消されているのにもかかわらず、ここ2、3年は逆に増えているのです。これは、**四則の混じった計算をどのような手順でやって良いかすらわからない子どもが増えている**ということを表しています。

授業で対話を重視する余り、読み書き計算のような反復練習がおろそかになっている可能性があるようです。

この問題を解決するには、やはり、基礎基本の習得は「反復練習」を中心とした学習を重視すべきだということです。こうして、基礎基本の学力の底上げを図るのです。

そして、それと並行しながら、問題解決型の授業や探究(求)型の授業を行わない限り、「深い学び」にはつながらないのです。

つまり、一斉授業か協同学習のどちらがいいかという話ではなく、

- **概念の理解や思考………対話を中心とした協同学習**
- **手続き的知識や技能……反復練習を中心とした学習**

という、「ねらい」と「手だて」を意識した授業づくりが大切だということなのです。

おわりに

教えることにも基礎基本となる原理・原則がある

あるテレビ番組で、海外の古くなって傷んだ文化財を日本の職人が修復しているのを見たことがあります。板のはがれた家具や脚が腐り果てて一部なくなっているベンチなどを、原型をとどめたまま直すのです。当然、今まで修復したことのないものばかりです。

その番組では、材料の調達から加工まで海外という限られた条件下で、職人たちがそれまで身につけた知識や技術を総動員しながら見事に仕事をやり遂げるのです。中には、四角い角材を八角形、十六角形にして、10分程度で円柱状の木材を作り上げてしまう人もいます。そんな作業の一つひとつには、一見、何気なくやっているように見えても、職人の知恵と技が活かされているのです。

私はこの光景を見て、職人の仕事と教師の仕事に共通点があることに気づきました。それは、たとえ直したことのないもの（教えたことのない内容）であっても、修復（教える）という基礎基本が身についた職人（教師）なら、どんなものでも直せる（教えられる）ということです。

そう、職人にも知識や技術の基礎基本があるように、教えることにも基礎基本があるのです。未知の事態に遭遇しても、それらを駆使することで臨機応変に対処することが可能なのです。

教えることの基礎基本が十分でないと、英語教育を、道徳教育を、プログラミング（的思考）を、と言われても即座に対応するのが難しくなります。それこそ、ある日、突然、アクティブ・ラーニングとか主体的・対話的で深い学びと言われたところで、今度は何をすればいいの？と困惑だけが先立ってしまうのです。

しかし、教えることの基礎基本、つまり原理・原則がわかっていれば、不測の事態にもおおむね対応することができるのです。そんな教えることの原理原則を系統だって学ぶ機会は、これまでまずなかったのではないかと思います。

「理論は難しい」

これが学校の先生のホンネのようです。しかし、理論を知りたいという先生がたくさんいるのも事実です。

先生にとって、教えることの理屈《つぼ》がわかればこれ以上の武器はありません。今後、AIの普及で変化の激しい社会になっても、人に教えること、人が学ぶことの理《ことわり》は不変です。本書は、そんな先生たちに、教えることの勇気と自信となる一冊になることを願っています。

最後に、本書の企画の段階から東洋館出版社の北山俊臣氏と二人三脚で歩んで来ることができたことを大変うれしく思います。

2020年2月

伊藤敏雄（いとう・としお）

愛知教育大学教職科心理学教室卒。名古屋大学大学院教育発達科学研究科中退。勉強のやり方専門塾（ネクサス）代表。全国で6000人以上の高校生や保護者に、効果の高い学習メソッドややる気アップ術などの講演活動を行ってきた。「あさチャン」「マツコ＆有吉の怒り新党」「プレジデントFamily」「週刊現代」ほか、テレビ出演、雑誌取材多数。著書に『勉強法以前の「勉強体質」のつくりかた』（主婦の友社）、『おもしろいほど成績が上がる中学生の「間違い直し勉強法」増補改訂版』（エール出版）他多数。

子どもがつまずかない教師の教え方10の「原理・原則」

2020（令和２）年３月１日　初版第１刷発行

著　者　伊藤敏雄
発行者　錦織圭之介
発行所　株式会社 東洋館出版社
〒113-0021 東京都文京区本駒込 5-16-7
営業部　TEL 03-3823-9206／FAX 03-3823-9208
編集部　TEL 03-3823-9207／FAX 03-3823-9209
振替　00180-7-96823
URL　http://www.toyokan.co.jp

装丁・本文デザイン　中濱健治

印刷・製本　藤原印刷株式会社

ISBN978-4-491-03977-0 ／ Printed in Japan